V&R

Meinen Kindern und Enkeln

Christa Schmidt

Meine Familiengeschichte in Träumen

Spurensuche über Generationen

Mit 8 Abbildungen

Vandenhoeck & Ruprecht

Bibliografische Information der Deutschen Nationalbibliothek

Die Deutsche Nationalbibliothek verzeichnet diese Publikation in der Deutschen Nationalbibliografie; detaillierte bibliografische Daten sind im Internet über <http://dnb.d-nb.de> abrufbar.

ISBN 978-3-525-40406-5

Printed in Germany.
Gesamtherstellung: Hubert & Co, Göttingen

Gedruckt auf alterungsbeständigem Papier.

Inhalt

Träume – Quellen wichtiger Erkenntnisse

In den letzten Jahrzehnten setzte ich mich als Psychotherapeutin tiefgreifend mit Träumen auseinander. Inzwischen haben mir viele Patientinnen und Patienten ihre Träume erzählt und wir haben sie gemeinsam bearbeitet. Es ist faszinierend, wie viel diese innere Bilderwelt über unsere aktuelle Lebenssituation, aber auch über unsere Vergangenheit aussagt. Lernen wir Träume zu entschlüsseln, können wir aus dieser reichhaltigen Informationsquelle schöpfen. Das so gewonnene Wissen führt uns zu seelischen Entwicklungs- und Heilungsprozessen.

Während der letzten Jahre ließ ich mich von verschiedenen Therapierichtungen und -techniken anregen und bezog sie in meine Arbeit ein. Ich schrieb die Träume meiner Patientinnen und Patienten auf und verglich sie über den gesamten Therapieverlauf. Besonders diesen Beobachtungen und der Reflexion von Behandlungsverläufen verdanke ich viele wertvolle Entdeckungen. Dabei erkannte ich zum Beispiel, dass in Träumen verschiedene familiäre Erlebnisse sowie über Generationen weitergegebene Erfahrungen verwoben sind. Sie zeigen, wie wir dadurch beeinflusst und häufig überschattet sind. Viele Ängste, Depressionen und Beziehungskonflikte haben hier ihre Wurzeln. Deshalb schenke ich inzwischen nicht nur der aktuellen Lebenssituation und der Biographie von Patienten, sondern auch deren Familiengeschichte besondere Aufmerksamkeit. Gemeinsam mit ihnen spüre ich in Traumbildern nicht nur deren eigene Konflikte, Wünsche und verdrängte Erlebnisse auf, sondern sogar die ihrer Eltern und Großeltern. Das hilft, Schicksalsfäden zu entwirren.

Um meine Leserinnen und Leser in diese faszinierende Welt einzuführen, möchte ich einen meiner Träume erzählen. Ich träumte, dass mich ein weiser Mann zu einem wunderschönen

Baum führte. Dieser war grün belaubt, weit ausladend, ebenmäßig gewachsen und stand auf einer großen Wiese. Der Weise sprach nun: »Der Traum vermag den Baum auf unterschiedliche Weise zu verändern.« Plötzlich war der Baum voller blühender weißer Orchideen. »Man kann diese Pracht auch wieder rückgängig machen«, erklärte er und der Baum war wie vorher. »Träume können aus einem gewöhnlichen Baum die unterschiedlichsten Blüten hervorbringen. Dieser Vorgang ist ein kontinuierlicher Prozess, ein immerwährendes Zusammenfügen und Lösen«, fuhr er fort.

Was fällt mir zu diesem Traum ein? Am Vortag dieses Traumes war ich beim Besuch meiner Tochter und meiner Enkelkinder erstaunt über deren seit Jahren immer wieder blühende Orchidee. Dabei erinnerte ich mich auch an die gut gedeihenden Orchideen meiner Mutter sowie an die große Freude meiner Großmutter an Blumen und Gartenarbeit. Mein Traum verbindet eine aktuelle Wahrnehmung mit Einfällen, die mich und meine Familie betreffen.

Was sagt der Traum nun aus? Der Baum ist ein zentrales Symbol. Er symbolisiert den Lebensbaum und den Stammbaum. Mit den Wurzeln ist er in der Erde verankert, auf seinem Stamm trägt er eine weit ausladende, zum Himmel strebende Laubkrone. Die Wurzeln verbildlichen unsere Herkunft und unsere Ahnen, der Stamm die eigene Generation. Die Krone und die Blüten symbolisieren die Nachkommen und deren Kinder. In meinem Traumbild sind Vorfahren und Nachkommen mit mir verbunden. Das zeigen auch die oben beschriebenen Assoziationen und Erinnerungen.

Der Weise in meinem Traum repräsentiert eine Vaterfigur, einen Lehrer, vielleicht auch meine eigene innere Weisheit. Seine Mitteilung lautet: Der Traum verbindet etwas, was ursprünglich zusammengehörte. Er kann dies aber auch wieder trennen. Dieser Vorgang ist schnell und beliebig häufig wiederholbar. Zwei tiefe Wahrheiten übermittelt der Traum: Generationen sind eng miteinander verbunden. Die Beziehungen zwischen Großeltern, Eltern und Kindern sind ebenso wie wir selbst einem kontinuierlichen Veränderungsprozess unterworfen. Wie ein Baum blüht, verblüht, Früchte trägt und sie fallen lässt, so werden neue Generationen geboren und sterben frühere, wachsen neue Bindungen zwischen Familienmitgliedern und lösen sich wieder. Je nach Lebensphase blühen bestimmte Fähigkeiten in uns auf und vergehen. Lassen wir uns auf diesen Prozess ein, befinden wir uns im Lebensfluss.

Welche weiteren Mitteilungen beinhaltet dieser Traum? Er verbildlicht das Wesen der Symbole. Der griechische Wortstamm *symballein* bedeutet zusammenfügen, zusammenwerfen (Adam, 2000, S. 124). In der Antike war *symbolon* das Wort für Erkennungszeichen. Als Zeichen einer Freundschaft war es üblich, einen Teller oder einen Ring in zwei Teile zu zerbrechen. Selbst wenn die Freunde viele Jahre getrennt waren, konnten sie die beiden Scherben anschließend wieder passgenau zusammenfügen und hatten so ein Erkennungszeichen, ein Symbolon (Dieckmann, 2001, S. 34). Auch im übertragenen Sinn kann das Symbol als Vereinigung von zwei Teilen verstanden werden. Sie wurden getrennt, gehören aber zusammen und können wieder zusammengefügt werden. Diesen kontinuierlichen Prozess des Zusammenfügens und Lösens veranschaulicht auch mein Traum. Symbole können im Traum auch durch Krankheit, Trennung, Konflikte oder Krieg Auseinandergebrochenes verbildlichen, helfen dies bewusst zu machen und zu bearbeiten. Dies gilt für innerlich Zerbrochenes – blockierte seelische Fähigkeiten, verdrängte Gefühle – wie für Wunden, die in einer Familie hinterlassen wurden.

Das Symbol erinnert uns auch an das unverletzte Ganze. Wie der Freund, der eine Tellerhälfte besitzt, weiß, wie der fehlende Rest aussieht, also eine Phantasie des Heilen in sich trägt, so erhält der Träumende durch das Traumsymbol eine Vorstellung davon, wie er Wege zur Gesundung finden kann. Bereits C. G. Jung weist darauf hin, dass Symbole große Chancen für seelische Heilungsprozesse und die psychische Entfaltung des Menschen bergen.

Träume sind ein Gespinst aus aktuellen Erlebnissen und familiären Erinnerungen. Sie verknüpfen Gegenwärtiges und Vergangenes. Häufig werden die alten Muster über Generationen weitergegeben. Die aus Träumen gewonnenen Erkenntnisse können uns zu verdrängten Erlebnissen und Geheimnissen unserer Eltern und Großeltern führen. Im Laufe der Therapie lernen Patientinnen und Patienten, wichtige Botschaften ihrer Träume zu entschlüsseln und dadurch auch die tradierten Webmuster zu erkennen.

In diesem Sachbuch führe ich interessierte Laien anhand mehrerer Beispiele aus meiner Praxis in die von mir entwickelte familienorientierte therapeutische Arbeit mit Träumen ein.

Im ersten Kapitel stelle ich zunächst die Bedeutung dar, die Träume in alten Mythen zukommt. Bereits jahrtausendealte Überlieferungen thematisieren schicksalhafte familiäre Verbindungen, die sich in Träumen verbildlichen. Dann skizziere ich wichtige Gedanken Sigmund Freuds und Carl Gustav Jungs zur Traumdeutung und führe in die psychotherapeutische Arbeit mit Träumen ein. Anschließend stelle ich die Grundlagen meines familienorientierten Ansatzes dar.

Im zweiten Kapitel schildere ich anhand der Behandlungsberichte von Elvira, Magdalena und Josef meinen therapeutischen Umgang mit Träumen in einem familienorientierten Zusammenhang. Ich zeige auf, dass verheimlichte familiäre Botschaften in Träumen jahrelang wiederkehren, bis sie bearbeitet werden.

Ich habe Elvira, Magdalena und Josef gebeten, wichtige Erfahrungen aus ihrer Therapie zu schildern. Ihre eigene Sicht auf ihre Behandlung finden Sie im Anschluss an die jeweiligen Behandlungsberichte.

Die Patientenberichte verdeutlichen, dass Träume Ablösungsprozesse von den Eltern und notwendige Trennungen erleichtern, das Bearbeiten von Familiengeheimnissen ermöglichen und schicksalhafte familiäre Verwobenheiten aufdecken. Schwerwiegende Symptome lassen sich lindern. Zudem sind Träume häufig Wegweiser zu familiären Fähigkeiten und Begabungen. Elvira, Magdalena und Josef stammen aus völlig unterschiedlichen Kulturräumen und Generationen. Elvira, geboren 1951, ist eine Deutsche, deren Familie lange Zeit in Südamerika lebte. Magdalena, geboren 1966, ist Spanierin, und Josef, geboren 1978, ein persisches Findelkind. Ihre Träume illustrieren und erhellen die jeweilige Familiengeschichte und ihre ganz besondere gesellschaftliche Problematik. In selbstverfassten Texten beschreiben die drei Patienten auch ihre eigenen Erfahrungen während der Therapie.

Im dritten Kapitel informiere ich über die unterschiedlichen Techniken, mit Träumen zu arbeiten. Ich erkläre die große Bedeutung, die die Auseinandersetzung mit Träumen hat. Die Leserinnen und Leser erhalten Hilfsmittel, um Träume besser zu erinnern und einige ihrer Botschaften zu entschlüsseln.

Im vierten Kapitel beschreibe ich das Führen eines Traumbuches sowie die Methoden der Meditation und Imagination als vertiefende Möglichkeiten, mit Träumen umzugehen. Hier stelle ich auch meine Traumgruppen vor. Einige ihrer Mitglieder schildern ihre persönlichen Erfahrungen.

Die Leserinnen und Leser erhalten in diesem Buch gleichsam einen Wegweiser, um sich anhand ihrer Träume mit ihrer Familiengeschichte auseinanderzusetzen. Sie werden in vielfältiger Weise angeregt, diese inneren Bilder therapeutisch zu entschlüsseln.

Die familienorientierte Arbeit mit Träumen habe ich im psychotherapeutischen Dialog entwickelt. Deshalb gilt mein Dank vor allem meinen Patientinnen und Patienten, die bereit waren, mich vertrauensvoll auf diesem Pionierweg zu begleiten. Gemeinsam überwanden wir auftretende Unsicherheiten und Hindernisse. Darüber hinaus waren sie sehr engagiert: Die Therapie gestalteten sie durch das Führen eines Traumbuchs und das Malen von Träumen aktiv mit und zu vertieften sie.

Besonders möchte ich mich bei Elvira, Magdalena und Josef bedanken. Freundlicherweise waren sie mit der Veröffentlichung ihrer Behandlungsberichte einverstanden und schrieben selbst ihre Erfahrungen nieder.

Auch von den Mitgliedern der Traumgruppen erhielt ich große Unterstützung.

Zum anderen ermutigten mich meine Kolleginnen und Kollegen, insbesondere Frau Dr. Ingeborg Plaikner, Dr. Roland Huber, Ross Lazar und Karl Diehl, zu diesem Projekt. Die Arbeitskreise, in denen wir die Behandlungstechniken und Methoden diskutierten, waren und sind eine wichtige Begleitung.

Das Malen von Träumen in die Therapie einzubeziehen, regte die Künstlerin Elisabeth Heindl an. Auch die Kunsttherapeutin Gisela Schmeer gab mir diesbezüglich wesentliche Impulse.

Bei der Niederschrift des Manuskripts half mir die Kollegin Monika Ringseis, die mir in zahlreichen Diskussionen wichtige Anregungen bot.

Außergewöhnliche Unterstützung erfuhr ich durch die Lektorin Ulrike Kamp vom Verlag Vandenhoeck & Ruprecht.

1 Von der sumerischen Traumdeutung zur psychotherapeutischen Arbeit mit Träumen

Traumdeutung und mythische Überlieferung

Die Kunst, Träume zu deuten, hat eine jahrhundertealte Tradition. Bereits in den ersten überlieferten Schriften der Weltreligionen wie dem Buddhismus, dem Islam, dem Judentum und dem Christentum spielt sie eine große Rolle. In früherer Zeit war die Interpretation von Traumbildern nur Schamanen, Propheten, Priesterinnen und Priestern, Schriftkundigen oder Weisen gestattet. Sie wurden häufig durch eigene Träume berufen, die Träume Ratsuchender zu deuten. Ihr Wissen gaben sie nur an Auserwählte weiter.

Die ersten überlieferten Träume finden sich in den Mythen der sumerischen Kultur. In den beiden berühmten Mythen von »Gilgamesch« (u.a. Schrott, 2001) und »Inana« (Zingsem, 1999, S. 15–67) werden zahlreiche eindrucksvolle Träume beschrieben. Die Sumerer glaubten, dass ihre Träume von den Sternen kommen. Als »Königin von Himmel und Erde« verehrten sie die Göttin Inana (Zingsem, 1999, S. 17). In dem Epos über den Abstieg der Göttin und ihre Rückkehr aus der Unterwelt werden ein langer erschütternder Traum und dessen Deutung detailliert beschrieben (Brinton Perera, 1985; Zingsem, 1999). Inana muss aus einem inneren Drang zum Begräbnis ihres Großvaters Gugalama, dem Gatten Ereshkigals, der Göttin der Tiefe. Also wagt sie den Weg in die Welt der Toten. Vor ihrem Abstieg bittet sie Ninshubur, ihre Freundin und Dienerin, die Göttervater um Hilfe anzurufen, falls sie nicht binnen dreier Tage zurückkehre. Ereshkigal fordert, dass ihre Enkelin entsprechend den Gesetzen der Unterwelt nackt und tief gebeugt vor ihr erscheine. Als Inana unbekleidet vor Ereshkigal steht, tötet diese sie und hängt ihren Leichnam an einen Pfahl, wo er verrottet. Ninshubur ruft die Götter um Hilfe. Schließlich erhört Enki, der Gott des Wassers und der Weisheit, ihre Klage und rettet Inana. Sie wird wieder zum Leben erweckt, muss aber einen Ersatz für sich schicken. Dafür wählt sie ihren Gatten Dumuzi, einen Hirtengott, der während ihrer Abwesenheit nicht um sie getrauert hat. Durch einen Traum wird dieser gewarnt:

> »Binsen wachsen um mich herum; Binsen wachsen dicht um mich herum.
> Ein vereinzelt wachsendes Rohr zittert um mich.
> Von einem doppelt gewachsenen Rohr wird zuerst das eine, dann das andere ausgerissen.
> In einem bewaldeten Hain schrecken mich hohe Bäume.
> Wasser wird über meinen heiligen Herd gegossen.
> Der Boden meines Butterfasses fällt herunter.
> Mein Trinkbecher bricht vom Henkel.
> Mein Hirtenkrummstab ist verschwunden.
> Ein Adler packt ein Lamm aus der Schafhürde.
> Ein Falke fängt einen Sperling auf dem Ried-Zaun.
> Meine Schwester, deine Ziegen schleifen ihre Lapis-Bärte durch den Staub.
> Deine Schafe zerkratzen die Erde mit geknickten Füßen.
> Still liegt das Butterfass: Keine Milch wird ausgegossen.
> Zerschmettert liegt der Krug; Dumuzi ist nicht mehr.
> Die Schafhürde wird ein Spiel der Winde« (Zingsem, 1999, S. 54).

In seinem prophetischen Traum sieht Dumuzi eine grauenhafte Verwüstung, das Zerbrechen seiner Welt als Hirte. Seine Schwester Geshtinanna ist eine weise Frau, die Träume deuten kann. Diesen Traum versteht sie als Prophezeiung des Schicksals ihrer ganzen Familie. In den um Dumuzi wachsenden Binsen erkennt sie die Dämonen, die ihn verfolgen und angreifen werden. In dem Ried, das um Dumuzi zittert, sieht sie die Trauer der Mutter. Sie deutet das Zwillingsrohr, das ausgerissen wird, als Bild für ihrer beider Vernichtung. Sie prophezeit also die Verwüstung, die die Dämonen anrichten werden. Geshtinanna erkennt die Unausweichlichkeit des Schicksals, die Zerbrechlichkeit und Vergänglichkeit des Lebens und ist bereit, anstelle ihres Bruders in die Unterwelt zu gehen. Inana bestimmt nun, dass die beiden abwechselnd sechs Monate in der Unterwelt und auf der Erde verbringen sollen (Zingsem, 1999, S. 62). Bereits dieser jahrtausendealte Traum thematisiert deutlich schicksalhafte familiäre Verbindungen.

Auch im Alten Testament werden mehrere Träume überliefert, die in ihrer Bedeutsamkeit weit über das individuelle Schicksal des Träumenden hinausgehen. Zwei bekannte möchte ich kurz wiedergeben, wobei der erste eine familiäre Beziehungsdynamik offenbart. Im ersten Buch Mose wird folgender Traum Josefs beschrieben, der seine Brüder beunruhigt, mit Angst und Neid erfüllt: »Siehe, wir banden Garben auf dem Felde, und meine Garbe richtete sich auf und stand, aber eure Garben stellten sich ringsum und neigten sich vor meiner Garbe« (1. Mose 37, 2). Die Brüder befürchten nun, dass Josef mächtiger werde als sie, und verkaufen ihn deshalb nach Ägypten. Dort kommt er ins Gefängnis, wo er die Träume zweier Mitgefangener deuten kann. Jahre später hat auch der König von Ägypten einen für ihn unerklärlichen Traum: »Pharao träumt also von den sieben fetten und schönen Kühen. Dann kommen in seinem Traum die sieben mageren und hässlichen Kühe und fressen die sieben fetten, bleiben aber genauso mager und hässlich wie vorher« (1. Mose 41). Nachdem viele ägyptische Traumdeuter den Inhalt dieses Traums nicht verstehen, holt man Josef aus dem Gefängnis. Er deutet Pharaos Traum als Prophezeiung, warnt ihn vor einer bevorstehenden Hungersnot und rät ihm, einen Vorrat anzulegen. Somit rettet er vielen Ägyptern und den gefangenen Juden, auch seinen Brüdern und seinem Vater, das Leben. Schließlich macht der Pharao aus Dankbarkeit Josef zum Herrscher und das jüdische Volk wird befreit. Erst durch seinen von Josef gedeuteten Traum erkennt der ägyptische König die Gefahren, die ihn und sein Volk bedrohen. Er erkennt, nicht allmächtig zu sein (symbolisiert in den mageren Kühen), und damit seine Begrenztheit als Herrscher. Dadurch kann er Josefs Rat annehmen, rettet sich und beendet die Unterdrückung des jüdischen Volkes.

Träume, die ein Unheil ankündigen – und das ist nicht nur das Verständnis der Bibel –, ermöglichen dem Träumenden, Vorsorge zu treffen. So kommt das Übel nicht überraschend und lässt sich mildern (Kast, 2006, S. 18). Dieser Traum geht weit über das Schicksal des Träumenden hinaus und ist für die betroffenen Völker von existenzieller Tragweite. Während die Träume von Dumuzi und Josef auf deren eigenes Schicksal und auf das ihrer Familienangehörigen hinweisen, haben die Träume des Pharaos eine richtungsweisende soziale und politische Bedeutung.

Auch in der christlichen Tradition spielen Träume eine bemerkenswerte Rolle. Ein bekanntes Beispiel ist die Weihnachtsgeschichte. Josef erscheint im Traum ein Engel, der ihn auffordert, Maria zu seiner Frau zu nehmen. Josef folgt dem Wort des Engels. Nach Christi Geburt hat er weitere Träume, die es ihm ermöglichen, das Kind vor drohenden Gefahren zu schützen. Gewarnt von einem Engel flieht er mit seiner Frau und dem Neugeborenen nach Ägypten und rettet es vor dem Kindermord des Herodes. »Als aber Herodes gestorben war, siehe, da erschien der Engel des Herrn dem Josef im Traum in Ägypten und sprach: Steh auf, nimm das Kindlein und seine Mutter mit dir und zieh hin in das Land Israel: Sie sind gestorben, die dem Kindlein nach dem Leben getrachtet haben« (Matthäus 2, 27).

Die Heiligen Drei Könige erhalten im Traum die göttliche Weisung, nicht zu Herodes zurückzukehren, sondern auf einem anderen Weg in ihr Land zu reisen. Auch sie nehmen in der Bibelerzählung diese Botschaft ernst und retten somit sich und Jesus Christus. Dadurch ermöglichen sie, dass Jesus leben und wirken kann und seine Botschaft viele Völker der Erde erreicht.

In der Antike galt die Deutung von Träumen als Möglichkeit, Krankheiten zu heilen. In der Nähe von Gräbern, Höhlen und Heiligtümern entstanden zahlreiche Tempel mit großen Hallen, in denen man auf einen von Gott gegebenen Traum wartete. Besonders große Bedeutung erlangte das Heiligtum des Asklepios in Epidauros. Kranke übernachteten hier in einem Schlafsaal und hofften, dass ihnen der Gott im Traum ein Heilmittel gegen ihre Krankheit weise. Am Morgen erzählten sie ihre Träume, die dann von Traumdeutern interpretiert wurden (Thomas in: Benedetti, 1997, S. 156 f.).

Obwohl das Alte und Neue Testament viele existenzielle wegweisende Träume enthält, ächtet man die Traumdeutung in der Frühzeit des Christentums und im Mittelalter als Teufelswerk. Man befürchtete die Macht des heidnischen Orakelwesens. Unbeirrt von diesen Vorbehalten interessierten sich viele Ärzte, Philosophen und Mystiker dafür. Ein Beispiel hierfür sind mystische Strömungen im Christentum und Judentum. Friedrich Weinreb (2000) schreibt in seinem anregenden Buch »Kabbala im Traumleben des Menschen«: »In der Überlieferung nennt man einen Traum deuten eine Krankheit heilen. [...] Der Traum wird dabei wieder Leben, das Gleichgewicht, die Harmonie wird wieder hergestellt« (Weinreb, 2000, S. 123). Er schreibt weiter: »Man müsste versuchen, Traumbilder gerade aus einer Welt des Nichtverstehens zu erleben, aus einer Welt des Empfindens und Fühlens. Eine solche Welt öffnet sich uns etwa in der jüdischen Überlieferung [...]. Dort gilt eine andere Struktur, gleichsam eine flüssige, die sich fallweise ändern kann« (Weinreb, 2000, S. 126). Viele Mystiker hielten Träume für eine besondere Form der Wahrnehmung des Geheimnisvollen, für Witterungen, die dem Menschen tagsüber verschlossen blieben.

Seit dem 20. Jahrhundert werden Träume aus physiologischer, medizinischer und psychoanalytischer Sicht erforscht und untersucht. Vor allem das gründliche Erfassen der Lebensgeschichte des Träumenden sowie deren Einbeziehen in die therapeutische Bearbeitung von Träumen zeigen, dass diese vielschichtige Bedeutungen haben, häufig wichtige Beiträge zur Heilung leisten und wesentliche Erkenntnisse vermitteln. Trotzdem ist die Beschäftigung mit Träumen heute vorwiegend auf Psychotherapien beschränkt. Wünschenswert wäre, den Träumen allgemein einen größeren Raum im Leben einzuräumen und ihre Botschaften ernst zu nehmen.

Die Traumdeutung – der Königsweg zum Unbewussten

Im Folgenden möchte ich einige Grundlagen der psychoanalytischen Bearbeitung von Träumen erläutern, um den Lesern und Leserinnen das zum Verständnis meiner Arbeitsweise notwendige Basiswissen zu vermitteln.

Differenzierte Informationen über Träume und deren Bedeutung wurden erstmals vor hundert Jahren mit Sigmund Freuds berühmtem Buch »Die Traumdeutung« (1900) einer breiteren Öffentlichkeit zugänglich. Der Wiener Arzt und Begründer der Psychoanalyse beschäftigte sich ausführlich mit seinen eigenen Träumen sowie mit den Träumen seiner Patientinnen und Patienten. Er nahm ihre Träume ernst und versuchte sie zu verstehen. Freud entwickelte hierzu die Methode der freien Assoziation. Er ließ die Patienten alle Gedanken zu einem Traum mitteilen, um ihn gemeinsam mit ihnen zu entschlüsseln. Er deutete den Traum also nicht nur aus seiner eigenen Perspektive, sondern mit Hilfe der Einfälle der Patienten. Dies führte Freud zu vielen revolutionären Entdeckungen. Zum Beispiel erkannte er, dass Träume ganz spezifische und individuelle Bedeutungen für die Träumenden haben. Er erfuhr weiter, dass wir nicht »Herr im eigenen Haus« sind und dass uns ein Großteil unseres Seelenlebens nicht bewusst ist. Freud verglich die menschliche Seele mit einem Eisberg. Wie der größte Teil des Eisbergs unter Wasser liegt und deshalb nur seine Spitze sichtbar ist, so liegt auch unser Seelenleben größtenteils im Verborgenen. Diesen Teil nannte er das Unbewusste. Es enthält ihm zufolge die Triebe, das Verdrängte, unterschwellig Wahrgenommenes und Vergessenes (Adam, 2000, S. 37).

In der Deutung von Träumen sah Freud den Königsweg zum Unbewussten. Er hatte erkannt, dass sich in Träumen unbewusste Wünsche und Konflikte spiegeln können. Er erkundete die Bedeutung von Traumbildern und Traumhandlungen und fand heraus, dass ein Traum verschiedenste Ereignisse, Gedanken oder Personen in einem einzigen Bild ausdrücken kann. Diesen Vorgang nannte er Verdichtung. Mit Hilfe der Einfälle seiner Patienten entschlüsselte Freud ihre Träume und entdeckte ihre Heilkraft in psychoanalytischen Prozessen. Seine Beobachtungen fasste er in seinem Buch »Die Traumdeutung« zusammen.

Auch Carl Gustav Jung, ein Schweizer Psychologe, Psychiater und Schüler von Freud, beschäftigte sich ausführlich mit dem Wesen der Träume, ihrer Symbolik und Deutung. Jungs Sichtweise unterscheidet sich von derjenigen Freuds. Er beschreibt sie in seinem Buch »Traum und Traumdeutung« (1971). Seiner Ansicht nach können Träume neben Erinnerungen auch Erkenntnisse und telepathische Visionen mitteilen. Das Unbewusste umfasst nach Jung das persönliche und das kollektive Gedächtnis (Adam, 2000, S. 37–42). Das kollektive Unbewusste reicht in die ferne Vergangenheit der menschlichen Stammesentwicklung zurück. Es beinhaltet die Instinkte und Erfahrungen aller Geschöpfe. In ihm sind kreative Lösungen für Konflikte enthalten. Diese Potenziale sind in künstlerischen und therapeutischen Prozessen wertvoll.

Jung zufolge findet das kollektive Unbewusste seinen künstlerischen Ausdruck in Bildern, Motiven und Mythen. Mythen sind ihm zufolge Träume, die in grauer Vorzeit aus dem kollektiven Unbewussten weiser Frauen und Männer entstanden sind. Durch das Erzählen sind sie zum Allgemeingut geworden (Hark, 2002, S. 223). Vergleicht man die Mythen der Völker, stellt man weltweit große Ähnlichkeiten fest. Durch das kollektive Unbewusste sind wir also mit anderen Ländern, Kulturen und Religionen vernetzt (Hark, 2002, S. 220). Die gesamte Menschheit ist an eine gemeinsame Matrix und Quelle angeschlossen (Adam, 2000, S. 39). Archetypen sind Strukturelemente des kollektiven Unbewussten. Bekannte Archetypen sind die weise Frau, die große Mutter, die Hexe, die gute Fee, die Jungfrau oder der Weise, der große Vater, der Zauberer, der göttliche Knabe (Adam, 2000, S. 40–42). Auch Phänomene der Synchronizität können nach Jung mit der Existenz eines kollektiven Unbewussten erklärt werden. Synchronizität ist das gleichzeitige Zusammentreffen verschiedener Ereignisse, die durch einen Sinnzusammenhang miteinander verbunden sind. Ein Synchronizitätsphänomen im Traum ist die Gleichzeitigkeit von Traumereignissen mit identischen oder ähnlichen realen Ereignissen. In der Literatur wird häufig als Beispiel hierfür angeführt, dass Mütter während des Zweiten Weltkrieges am Sterbetag ihrer Söhne, ohne das real wissen zu können, von deren Tod träumten (Adam, 2000, S. 357–359).

Das persönliche Unbewusste enthält nach Jung nicht nur verdrängte Erlebnisse, sondern auch wichtige Fähigkeiten und Ressourcen. Jung zufolge verfügt die Traumseele »vielleicht über noch viel größeren Reichtum an Inhalts- und Lebensmöglichkeiten als das Bewusstsein« (Jung, zit. nach Dieckmann, 2001, S. 18). Er betont also, welch vielfältige Chancen Träume, tiefenpsychologisch bearbeitet, für Entwicklung und Heilung bieten. Hier können Patienten zum Beispiel viele Aspekte der eigenen Person erkennen, die ihnen bisher noch verborgen waren. Auch die Frage, wozu ein Traum geträumt wird, ist für Jung von entscheidender Bedeutung (Adam, 2000, S. 235–247). Einen Sinn des Träumens sieht er darin, die Kommunikation zwischen Bewusstsein und Unbewusstem und damit die psychische Entwicklung anzuregen. Denn Träume transportieren durch Symbole Informationen und psychische Energien zum Bewusstsein. Durch die Vernetzung der Bewusstseinsebenen werden neue Zusammenhänge erkennbar und viele Entwicklungsprozesse möglich (Adam, 2000, S. 116). Um diese Vernetzung zu fördern, arbeitete Jung unter anderem mit der aktiven Imagination. Bei diesem Verfahren wählt der Träumende zum Beispiel ein Traumsymbol, das für ihn besonders wichtig oder bisher unverständlich ist. Zu diesem lässt er innere Bilder aufsteigen, versucht sich in diese hineinzuversetzen und die damit verbundenen Erlebnisse und Emotionen zuzulassen. Jung empfiehlt, Träume sowie in der Imagination aufgestiegene Bilder und Gefühle aufzuschreiben.

Die Forschung der letzten Jahrzehnte konnte die Erkenntnisse von Freud und Jung untermauern und erweitern. Viele Psychoanalytikerinnen und Psychoanalytiker, wie Ingrid Riedel, Verena Kast, Gaetano Benedetti, Klaus-Uwe Adam, Helmut Hark und Donald Meltzer legten ihre Erfahrungen sowie Arbeitstechniken mit Träumen in empfehlenswerten Büchern nieder. Diese Psychotherapeuten unterschiedlicher Schulen stellen dar, wie weitreichend und tiefgreifend Träume unsere Einstellungen, unser Denken, unsere Handlungen und somit unsere Entwicklungs- und Heilungsprozesse beeinflussen.

Jedoch auch Physiologen und Gehirnforscher wie Gerald Hüther (2004), die sich in den letzten Jahrzehnten wissenschaftlich mit Träumen befasst haben, schreiben ihnen zunehmend große Bedeutung zu. Ihre Befunde geben wesentliche Impulse zu einem erweiterten Verständnis des Traumvorgangs.

Hüther erklärt in seinem Buch »Die Macht der inneren Bilder«, dass es von diesen Bildern abhängt, welche neuronalen und synaptischen Verschaltungen im menschlichen Gehirn gebahnt und gefestigt werden. Er weist darauf hin, dass beängstigende innere Bilder einen Menschen dazu treiben können, sich vor der Welt zu verschließen und in Hoffnungslosigkeit und Verzweiflung zu versinken. Positive Bilder hingegen vermitteln Mut, Ausdauer und Zuversicht (Hüther, 2004, S. 9). Innere Bilder aktivieren Erregungsmuster und prägen so unser Denken, Fühlen und Handeln. Sind sie beängstigend, verengen sie die Überzeugungen, Haltungen, Einstellungen, inneren Muster und Handlungsmöglichkeiten eines Menschen. In Psychotherapien werden diese inneren Welten bewusst, die Perspektiven der Patientinnen und Patienten erweitern sich dadurch. Das Verstehen von Traumbildern und deren Veränderungen infolge der Therapie ist deshalb bedeutsam.

Meine Arbeit mit Träumen bereicherten vor allem Gaetano Benedettis Werke »Botschaft der Träume« (1998) und »Die Wahrheit der Träume« (1997), Donald Meltzers »Traumleben« (1988) und Klaus-Uwe Adams »Therapeutisches Arbeiten mit Träumen« (2000). Diese Bücher geben wertvolle theoretische Impulse und konkrete Hinweise zum Entschlüsseln von Traumbildern und Trauminhalten. Die Autoren schildern viele Patiententräume und deren therapeutische Bearbeitung. Ihre für die Traumarbeit wesentlichen Kernaussagen möchte ich kurz zusammenfassen:

- Gaetano Benedetti (1998) betont, dass Träume Wichtiges mitteilen und etwas aus dem Unbewussten nach *draußen* verlagern. Er nennt sie deshalb die Urprojizierung des Menschen. Alles im Traum ist ihm zufolge Spiegelung der Vergangenheit. Sie nimmt so viel Raum ein, dass Schwierigkeiten wieder auftreten, die im wachen Leben längst überwunden waren (Benedetti, 1997, S. 263). Häufig sind Personen im Traum auch Spiegelbilder des Träumers. Diese zeigen verschiedene Persönlichkeitszüge, etwa helfende, liebende, ablehnende oder hassende Anteile. Träumen ist eine Form der Selbsterfahrung (Benedetti, 1997, S. 261).

- Donald Meltzer, ein Schüler von Wilfred R. Bion, beschreibt in seinem Buch »Traumleben« (1988), wie sich in Träumen und während ihres Erzählens die inneren Welten von Patienten verbildlichen. Nach Meltzer verarbeitet man in Träumen bisher unverarbeitete Erlebnisse. Meines Erachtens verbildlichen Träume auch familiäre Verstrickungen sowie unverarbeitete Erfahrungen unserer Ahnen. Die Therapie ermöglicht ein Erkennen und Verarbeiten von Altlasten.
- Klaus-Uwe Adam (2000) beschreibt in »Therapeutisches Arbeiten mit Träumen« die Praxis der Traumarbeit nach Jung. Auch er eröffnet dem Leser viele Perspektiven zum Verständnis von Träumen. Detailliert schildert er Arbeitsschritte der Traumarbeit und verschiedene Deutungstechniken. Unter anderem erläutert er die Interpretation auf Objektstufen- und Subjektstufenebene (Adam, S. 169–215). In der Objektstufendeutung werden die in Träumen auftretenden Personen wirklich auf diese Personen bezogen. Das heißt, die Eltern stehen für die realen Eltern, die Geschwister für die realen Geschwister. Andererseits kann der Träumende der Frage nachgehen: Für wen steht eine bestimmte Person? Träumt man etwa von einer Frau, können sich in dieser Figur Eigenschaften der eigenen Mutter, der Großmutter, der Schwester und so weiter verdichten.
  Die Subjektstufendeutung dagegen versteht alle Personen des Traums als Verkörperungen der Persönlichkeitszüge und innere Konflikte des Träumenden. Die liebevolle Mutter symbolisiert beispielsweise eigene mütterliche Fähigkeiten. Wenn Träumende in ihren Traumfiguren eigene Charaktereigenschaften erkennen, erfahren sie etwas über sich selbst, über ihre abgelehnten Persönlichkeitsanteile, aber auch über ihre Fähigkeiten.

Familienorientierte therapeutische Arbeit mit Träumen

In Psychotherapien entschlüssle ich – wie die obengenannten Autoren – mit den Patientinnen und Patienten Träume auf verschiedenen Ebenen. Gemeinsam spüren wir unter anderem auf, wie sich in den Träumen die familiären Schicksale spiegeln. Deshalb widme ich der Biographie der einzelnen Familienmitglieder viel Raum und Aufmerksamkeit. Meine therapeutische Arbeit mit Träumen basiert auf desen beiden Thesen:

1. Da Träume Personen, Zeiten, Ereignisse, Gefühle und Orte verdichten, stellen sie auch Verbindungen zwischen Generationen dar und helfen, diese zu bearbeiten. In Träumen vermischen sich häufig Ereignisse aus verschiedenen Zeiten. Dabei kann die Vergangenheit so gegenwärtig sein, dass wir selbst von Verstorbenen so träumen, als wären sie wieder lebendig. Darüber hinaus können sich verschiedene Personen, die unterschiedlichen Generationen angehören, im Traum zu einer einzigen Person verdichten, die dann gleichzeitig etwa für die Träumende, ihre Mutter und Großmutter stehen kann.

Auch ähnliche Schicksalsschläge und Konflikte, die sich in Familien über viele Generationen wiederholen, können sich im Traum abbilden. In Traumhandlungen offenbaren sich wichtige familiäre Beziehungsmuster. Häufig werden ähnliche Erlebnisse etwa der Eltern- und Kindgeneration durch gemeinsame zugrunde liegende Gefühle wie Panik und Bedrohung innerlich verbunden und dadurch vermengt. Denn wir sind in eine lange Ahnenreihe eingebunden und haben nicht nur durch die Gene, sondern durch viele Mechanismen Anteil an den inneren Bildern und Erlebnissen unserer Vorfahren. Viele dieser Mechanismen sind noch unbekannt und unerklärlich.

Träume aus der Mehrgenerationsperspektive zu betrachten ist auch deshalb so hilfreich, weil sich in ihnen Gefühle und Konflikte der Generationen widerspiegeln, die auf eine Lösung drängen. Sind Familienmitglieder bereit, sich ihrer Geschichte zu stellen, können schicksalhafte Verbindungen geklärt werden.

2. Träume entspringen dem kollektiven, dem individuellen und dem familiären Unbewussten. Wie oben dargestellt, wurzeln Träume nach C. G. Jung im persönlichen und kollektiven Unbewussten. Zudem gibt es meines Erachtens ein familiäres Unbewusstes. Insbesondere die Entwicklungspsychologie, die Säuglingsforschung und wissenschaftliche Beobachtungen von Eltern-Kind-Paaren haben dargestellt, wie tief und umfassend Familienmitglieder miteinander verwoben sind (Klein, 1979; Lichtenberg, 1983; Spitz, 1973, 1976; Winnicott, 1976, 1978). Ähnlich wie Eltern und Kind durch viele psychische Mechanismen miteinander verbunden sind, sind auch die Generationen eng miteinander vernetzt. Das »Familiengedächtnis«, die gespeicherten Erfahrungen und Erinnerungen unserer Vorfahren (Hark, 2002, S. 218), verbindet uns mit unseren Verwandten. Es beinhaltet Geschehnisse in der Familiengeschichte wie Vertreibungen, Kriegserlebnisse, unklare Todesfälle, Scheidungen und so weiter.

Leopold Szondi (1978) beschreibt in seinem Buch »Schicksalsanalyse« das »familiäre Unbewusste«. Ihm zufolge kann es die Schicksale der nachfolgenden Generation unter anderem hinsichtlich Partnern, Beruf und Umgang mit Krankheiten in vielfältiger Hinsicht beeinflussen (Szondi, 1978, S. 16–18).

Auch die Psychoanalytikerin, Psychodramatherapeutin und Familientherapeutin Anne Ancelin Schützenberger schildert in ihrem Buch »Oh, meine Ahnen!«, wie sich weit zurückliegende Ereignisse aus dem Leben unserer Vorfahren in unserem Leben wiederholen können. Schützenberger zufolge erhält das Kind von seiner Familie bestimmte Botschaften und Rollenerwartungen. Die Familie gräbt also ein Programm in die Seele des Kindes ein (Schützenberger, 2002, S. 199). Familiäre Tragödien durch Erkrankungen, Unfälle oder Selbstmordversuche erzwingen ihre Wiederholung im Leben der Nachkommen häufig zum gleichen Datum, an dem sie selbst ursprünglich eintraten (Schützenberger, S. 14).

Unsere Familiengeschichte ist in einer inneren Datenbank, einer Bibliothek, einem Bilderarchiv, in uns gespeichert. Diese Informationen vernetzen sich mit unseren eigenen Erlebnissen. Erinnerungen und Schicksalsschläge aus mehreren Generationen verweben sich also mit Ereignissen unserer eigenen Biographie. Aktuelle Erlebnisse können innerlich mit früheren verbunden sein.

Anhand vieler Einzelbehandlungen, in unterschiedlichen Patientengruppen, besonders aber in der psychoanalytischen Forschung über Kinder und Kindeskinder von Holocaust-Überlebenden sowie zu Kriegsopfern der beiden Weltkriege, wurden generationenüberschreitende Phänomene detailliert beschrieben. Jokl (1997) erklärt beispielsweise, wie Kinder, die das Dritte Reich nicht selbst erlebt haben, Krankheiten und innere Bilder entwickeln, die in der grausamen Welt ihrer Eltern wurzeln. Viele Psychoanalytiker haben Modelle erdacht, um diese über Generationen wirksamen psychischen Zusammenhänge zu erklären. M. Bowen, E. Boszormenyi-Nagy, H. Stierlin und andere haben das Konzept der *Delegation* und *Parentifizierung* entworfen. Werden unverarbeitete Gefühle und unerfüllte Aufgaben von einer Generation an die nächste weitergegeben (delegiert), spricht man von Delegation. Demnach gibt es hinsichtlich von Schuld, Verpflichtungen und Verdiensten eine große Familienbuchführung. Manche Familienmitglieder sind durch Delegationen so eingeschränkt, dass sie das Gefühl haben, wie auf der Bühne bestimmte Rollen übernehmen zu müssen, und sich weder als Autor noch als Regisseur ihrer Handlungen erleben. Ihre eigene Identität konnten sie kaum entwickeln. Parentifizierung bedeutet, dass Kinder etwa von Suchtkranken gleichsam für ihre eigenen Eltern zu Eltern werden und für sie sorgen.

Durch ein Netz von psychischen Mechanismen – einer der wichtigsten ist die *projektive Identifikation* – sind wir mit unseren Eltern, Geschwistern und anderen Familienmitgliedern verbunden (u. a. Klein, 1972, 1983; Bion, 1962; Kogan, 1998; Gampel, 1995). Diesen Prozess beschreibt erstmals die Kinderanalytikerin Melanie Klein. Ihr Schüler Wilfred Bion erweiterte ihren Begriff. In der projektiven Identifizierung teilt das Kind sein Leid der Mutter mit. Es projiziert die eigenen Gefühle in sie, so dass die Mutter unmittelbar spürt, was in seinem Inneren vorgeht, und das Leid daraufhin lindert. Nach Bion verlagert das Baby also unverdaubare Gefühle und Erfahrungen, mit denen es nicht fertig werden kann, in seine Mutter. Die Mutter, in die hineinprojiziert wird, bezeichnet er als »container«, das Projizierte als »contained«. Gibt es einen guten Austausch zwischen Mutter und Kind, erwirbt dieses viele Fähigkeiten der Mutter von ihr, zum Beispiel Ängste zu bewältigen. Wenn nun Eltern selbst sehr viel Leid in sich tragen, können sie sich durch die Ängste ihrer Kinder bedroht fühlen. Sie können dann von ihren eigenen inneren Katastrophen so überwältigt werden, dass sie kaum fähig sind, ihren Kindern zu helfen. Zudem geben sie – ohne es zu wollen – die eigene Angst und Hilflosigkeit an die Kinder weiter. Sie deponieren sie bei ihren Kindern und gebrauchen diese nach Bion als »receptical«. Ross Lazar (1999) beschreibt, wie umfassend diese projektiven Identifikationen sein können. Gefühle, Träume, Gedanken und Persönlichkeitsanteile der Eltern, die in Kindern deponiert werden, haben zur Folge, dass diese – angefüllt vom seelischen Leid der Eltern – ihre eigene Persönlichkeit kaum entwickeln können.

In meiner therapeutischen Arbeit machte auch ich die Erfahrung, dass viele Patienten das seelische Leid nicht nur ihrer Eltern, sondern ihrer Familie in sich tragen. Dieses spezifische Erbe verbildlicht sich in Träumen. Darin spiegeln sich sogar individuelle Erlebnisse der Eltern und der Großfamilie. So träumen Patienten, die von Kriegsteilnehmern oder Vertriebenen abstammen, noch Jahrzehnte später von Kriegserlebnissen, Flucht, Heimatlosigkeit, der Verfolgung ihrer Eltern und Ahnen. Diese schrecklichen Erlebnisse kennen sie häufig nicht einmal aus Erzählungen. Diese Trauminhalte sind deshalb so unerklärlich, weil die Patienten die zugrunde liegenden Ereignisse nicht selbst erlebt haben. Sie können daher keine Bezüge zu ihrer eigenen Biographie herstellen. Allerdings können diese Traumbilder Schlüssel zur Vergangenheit der Eltern der Patienten sein und sind deshalb für die Therapie so wertvoll. Auch tabuisierte Ereignisse der Familiengeschichte wirken sich über mehrere Generationen hin aus. Verwirrungen und psychische Belastungen wie Depressionen, Ängste und psychosomatische Krankheiten, die bei Patienten dadurch auftreten, werden mit Hilfe von Träumen psychotherapeutisch bearbeitbar. Indem die Patienten die Schicksalsschläge, die ihre Traumbilder thematisieren, einer bestimmten Person und Generation zuordnen, findet eine innere Klärung statt. Dies ist deshalb so bedeutsam, weil sich durch diese Aufarbeitung der Familiengeschichte das Verständnis für die Eltern, das eigene Selbst und damit auch für die Kinder wächst. Heilsamere familiäre und soziale Beziehungen entstehen. Dies habe ich anhand von mehreren Fallberichten ausführlich aufzeigt (Schmidt, 2004, 1997). Einer davon ist der im Folgenden gekürzt wiedergegebene Behandlungsbericht von Wiltrud. Darin stelle ich dar, wie sich Kriegserlebnisse der Eltern in den Träumen der Nachkriegsgeneration verbildlichen und wie heilsam deren therapeutische Bearbeitung ist.

Kriegserlebnisse in den Träumen von Wiltrud

Die in der Nachkriegszeit geborene Lehrerin Wiltrud führt während der vierjährigen Therapie ein Traumbuch. Darin sind anfangs viele Kriegsträume verzeichnet. Bereits ein Traum kurz nach Therapiebeginn zeigt, wie viel Raum die Kriegserlebnissen ihrer Eltern in Wiltrud einnehmen:

»*Ich bin in einer Jugendherberge. Ich bin mit Schülern zusammen, und wir lachen. Es ist lustig. Wir sind tief im Keller und unterhalten uns. Dann dunkelt es sich ab. Es ist muffig und ich sehe einen Panzer, eine Menge Schrott und drei erstarrte Gestalten. Es ist gespenstisch. Plötzlich sehe ich auch drei Soldaten. Sie sind tot. Ich habe schreckliche Angst. Es ist eine Gruselszene. Auf einmal steht einer auf und kommt mir nach. Er verfolgt mich. Ich gerate in Panik.*«

Für Wiltrud ist dieser Traum ein Zeichen dafür, dass die Vergangenheit sie einholt und sie sich deshalb jetzt mit ihr auseinandersetzen möchte. Sie selbst habe große Angst um ihre drei Söhne, die bald Abitur machen. Diese Angst sei in der Realität nicht begründbar. Die Bearbeitung ihres Traums offenbart, dass zwei Brüder ihrer Mutter nach dem Abitur gefallen sind. Wiltruds Vater war Lehrer. Er litt darunter, seine Schüler nicht vor dem Krieg schützen zu können. Ihre Mutter war häufigen Luftangriffen ausgesetzt, ihre Heimatstadt und ihr Elternhaus wurden dabei weitgehend zerstört. Wiltrud hat ähnlich wie ihre Mutter Angst, dass sie selbst und ihre Söhne sterben. Wie der Traum zeigt, sind die Vergangenheit der Eltern und deren Ängste in Wiltruds Seele eingedrungen. Auch in den folgenden wiederkehrenden Träumen von Erdbeben, einstürzenden Mauern, Funkenregen, Erschießungen verbildlichen sich die Zerstörungen, die der Krieg angerichtet hat. Nun erforscht Wiltrud in vielen Gesprächen mit ihren Eltern deren Kriegserlebnisse. Wir bearbeiten die Wunden, die der Krieg auch in ihrer Seele hinterlassen hat. Aus ihren Albträumen werden nun Träume, die ihrer Lebenssituation entsprechen. Sie träumt von ihrem Mann und ihren Söhnen, für die sie nun besser sorgen kann.

Ein Briefwechsel von Wiltruds Eltern während des Zweiten Weltkriegs, den sie mir nach der Therapie zeigt, verdeutlicht, wie verheerend die Auswirkungen dieses Krieges für ihre Familie waren. Ihre Mutter wurde fünf Jahre lang von Bombenangriffen heimgesucht und musste zeitweise sechs Mal nachts mit ihrem Baby und ihrem kleinen Sohn, Wiltruds älteren Brüdern, in den Luftschutzkeller flüchten. Erst nachträglich können wir Wiltruds wiederkehrende Träume, in denen sie Babys und kleine Kinder, die bedroht werden, schützt, auch als ganz reale Kriegserlebnisse und Sorgen der Mutter verstehen. Frappierend ist, in wie vielen Traumbildern Wiltrud die Erlebnisse ihrer Mutter spiegeln und mit den gleichen Worten wie sie schildert, obwohl sie, als sie diese Träume hatte, kaum etwas darüber wusste.

In Wiltruds Behandlung zeigt sich, dass sich in vielen Träumen die unverarbeiteten Erlebnisse der Eltern, über die in der Familie nicht gesprochen werden konnte, abbilden. In der Therapie können wir dies bearbeiten. Die Folge ist, dass Wiltrud das fremde Erbe in sich erkennen und ihre Identität entfalten kann.

2 Heilungsprozesse durch die familienorientierte Arbeit mit Träumen

Im diesem Kapitel schildere ich anhand von drei Behandlungsberichten meinen therapeutischen Umgang mit Träumen. Die Lebensgeschichten und Therapien stelle ich ausführlich dar, um meinen Leserinnen und Lesern zu vermitteln, wie sich die individuellen Biographien und die jeweiligen Familiengeschichten in Träumen spiegeln. Die Träume meiner Patientinnen Elvira und Magdalena sowie meines Patienten Josef erhellen, welche Auswirkungen ihr seelisches Erbe auf ihr Leben und ihre aktuellen Beziehungen hat, wie wir diese Verstrickungen verarbeiten und was sich damit verändert.

Aus der Fülle von Träumen und wichtigen Erkenntnissen, die während der Therapie zur Sprache kamen, konzentriere ich mich vorwiegend auf diejenigen, die eine familienorientierte Bearbeitung zulassen. Die Traumerzählungen und Aussagen der Patientinnen und Patienten basieren auf meinen stichpunktartigen Mitschriften, die während der Therapie entstanden. Zur Wahrung der Anonymität aller vorkommenden Personen habe ich deren Namen, Lebensdaten und Berufe sowie alle anderen Daten verändert.

Die familiäre Vergangenheit Elviras, der ersten Patientin, die ich vorstelle, liegt wie ein Schatten über ihrer Seele. Sie schränkt viele ihrer Lebensmöglichkeiten ein. Deshalb beschäftigen wir uns in der Therapie intensiv damit. Hier schildere ich vorwiegend die Verstrickung mit ihrer Mutter und ihren weiblichen Ahnen und deren Einfluss auf die aktuelle familiäre Situation, insbesondere auf die Beziehung zu ihrem Mann. Anhand von Träumen und gemalten inneren Bildern zeige ich auf, wie es uns gelungen ist, diese seelischen Fesseln zu lösen.

Bei der Darstellung von Magdalenas Therapie konzentriere ich mich vor allem darauf, wie die Patientin durch die erlittenen Verletzungen und Schicksalsschläge versteinerte, welch schlimme Folgen das für ihre Tochter hat und wie wir diese tragischen Zusammenhänge bearbeiten.

Josef ist ein Findelkind. Wir wissen nichts über seine Herkunft, seine Eltern und seine frühe Kindheit. Trotzdem können seine Träume Licht in seine unbekannte Vergangenheit bringen, was sich für Josef als sehr bedeutsam erweist. Seine Eltern, seine frühkindlichen Erlebnisse und Beziehungsgeflechte scheinen in seinen Träumen durch, so dass wir diese erahnen können. Das trägt zur Bearbeitung seiner Ängste und Depressionen sowie zur Verbesserung seiner sozialen Beziehungen entscheidend bei.

Aus dem Nebel zur Klarheit

Elviras Familiengeschichte

Elvira ist 55 Jahre alt und Professorin für Soziologie. Sie ist zierlich, wirkt apart und sehr gewandt. Mich kontaktiert sie auf Empfehlung einer Freundin, die ihr geraten hat, eine Psychoanalyse zu machen. Elvira berichtet, dass sie schon als junge Frau in Psychotherapie war und vor Jahren an Familienaufstellungen teilnahm. Nun sei sie unentschlossen, ob sie eine Kurztherapie oder eine Psychoanalyse machen solle.

Elvira schildert ihre problematische Lebenssituation: »Mein Mann ist manisch-depressiv. In manischen Phasen ist er überdreht, trinkt zu viel Alkohol, sitzt bis morgens in Kneipen und neigt in verschiedener Hinsicht zu Exzessen. In seinen depressiven Phasen ist er dann antriebslos und liegt viel herum. Die Beziehung ist deshalb trotz einer noch vorhandenen freundschaftlichen Sympathie für ihn seit Jahren extrem belastet. Ich denke immer wieder daran, mich von ihm zu trennen.« Auch ihre Söhne bereiteten ihr zeitweise große Sorgen, berichtet Elvira. Simon, der Ältere, machte mit fünfzehn Jahren »eine Pubertätskrise« durch, litt unter extremen Rückzugstendenzen und hatte solche Angst vor der Schule, dass er über Monate hinweg nicht am Unterricht teilnehmen konnte. Nun ist er 21 Jahre alt und studiert in Frankreich. Der jüngere Sohn Rafael ist 17 Jahre alt und Gymnasiast. Auch er hatte phasenweise persönliche Probleme, wird nun aber allmählich stabiler.

Ihre eigenen seelischen Konflikte beschreibt Elvira folgendermaßen: »Ich habe Sehnsucht nach Gefühlen, erlebe mich häufig wie nicht vorhanden und spalte das Belastende und Verwirrende ab, um weiter funktionieren zu können. Oft bin ich wie im Nebel und spüre keine klare Lebensberechtigung. Ich erlebe mich als bedrohlich für andere, als ob ich etwas Zerstörerisches, Böses und Schädliches in mir hätte. Seit meiner Geburt habe ich eine Überlebensschuld, fühle mich manchmal im Jenseits mehr zu Hause als auf der Erde und befürchte, mich anderen nicht zumuten zu können. Häufig habe ich sogar Angst, rausgeschmissen und weggeschafft zu werden. Stabilität habe ich hauptsächlich in meinem Beruf und in langjährig gewachsenen Freundschaften erfahren. In meinen zentralen persönlichen Beziehungen habe ich dagegen wenig Beständigkeit erlebt und möchte deshalb jetzt kontinuierlich wahrgenommen werden. Ich wünsche mir, dass ich mich anderen mehr zumuten kann. Meine eigene Person, mein Selbstwertgefühl, meine Begabungen und meine Kreativität will ich weiter entwickeln. Besonders wichtig ist mir, dass mein Leid mehr anerkannt wird.«

Nicht nur das Zusammenleben mit ihrem psychisch kranken Mann und die Sorgen um ihre Söhne – der Ältere beanspruchte vor einigen Jahren in seiner Pubertätskrise viel Energie und Engagement – sowie ihre eigenen seelischen Probleme belasten Elvira, sondern auch die Betreuung ihrer Tante, der Schwester ihrer Mutter, die im selben Haus lebt. Zusätzlich zu ihrer verantwortungsvollen Berufstätigkeit überfordert sie diese Lebenssituation.

Elviras Lebens- und Familiengeschichte ist von vielen tragischen Schicksalsschlägen überschattet. Johanna, ihre Großmutter mütterlicherseits, verlor im Ersten Weltkrieg beide Brüder. 1918 wäre sie bei der Geburt ihrer Tochter Charlotte, Elviras Mutter, fast verblutet und durfte daraufhin nicht mehr schwanger werden. Aufgrund der politischen Situation, vor allem aus Angst vor einem Umsichgreifen des Kommunismus, wanderten die Großeltern 1920 nach Chile aus. Dort verbrachte Charlotte ihre Kindheit und Jugend. Die Familie litt anfangs unter großer wirtschaftlicher Not und musste ihre Existenz neu aufbauen. Nachdem sie zu Wohlstand gekommen war, kehrte sie aus beruflichen Gründen 1938 nach Deutschland zurück. Nach ihrer Rückkehr aus Chile studierte Charlotte während des Zweiten Weltkriegs. Ihr erster Verlobter fiel im Krieg. Damals war sie 25 Jahre alt. Ihr zweiter Freund wurde erschossen, weil er desertieren wollte. Gegen Kriegsende lernte Charlotte ihren Mann kennen. »Sie heirateten 1948. Es war eine Liebesheirat.« Charlotte ist Schriftstellerin. Elvira schildert sie als wechselhaft in ihrer Zuwendung und Verfügbarkeit und extrem narzisstisch. »Man ist schnell bei ihr unten durch und existiert für sie nicht mehr. Sie neigt dazu, Situationen zu dramatisieren und Schlimmes zu befürchten.«

Wie ihre Mutter verblutete auch Charlotte beinahe bei der Entbindung ihres Kindes. Sie war anfänglich überzeugt, ihr Kind sei tot und man habe ihr zur Beruhigung einen fremden Säugling gegeben. Nach einem dramatischen Kaiserschnitt musste sie nochmals operiert werden. Ihre Gebärmutter wurde entfernt. Charlotte litt anschließend unter Tetanie, also Krampfzuständen. Elvira vermutet heute, dass sie psychisch schwer krank war. In ihren Depressionen, Angstzuständen und Selbstzweifeln gefangen, befürchtete Charlotte, dass sie nach der traumatischen Geburt keine richtige Frau mehr sei. Elvira erzählt: »Ich wurde nicht gestillt und hatte lange keinen Körperkontakt zu meiner Mutter, weil sie sich wegen ihrer körperlichen und seelischen Leiden nicht traute, mich in den Arm zu nehmen. Erst als ich etwa zwei Jahre alt war, konnte sie sich mir körperlich mehr zuwenden.«

Elviras Vater – sie beschreibt ihn als ehrlich und geradlinig – stammt aus einer angesehenen pazifistischen Künstlerfamilie. Er selbst war Kunsthistoriker und engagierte sich in der Friedensbewegung. Seine Frau unterstützte er in jeder Hinsicht und führte mit ihr einen anregenden geistigen Dialog.

Elviras Mutter musste, sobald sie nach der Geburt der Tochter körperlich in der Lage war, ihre berufliche Tätigkeit wieder aufnehmen, so dass Elvira in den ersten Lebensjahren überwiegend von ihren Großeltern und Tanten, aber auch von ihrem Vater versorgt wurde. »Meine Mutter arbeitete sehr viel. Sie hat sich erst nach einigen Jahren allmählich in meine Betreuung eingeklinkt. Außerdem war sie alle paar Jahre monatelang schwer krank. Meine Kindheit war sehr schwierig, weil ich häufig das Gefühl hatte, auf meine Mutter Rücksicht nehmen und mit meinen eigenen Sorgen und Nöten selbst fertig werden zu müssen. Das alles hat Spuren hinterlassen. Deshalb ist mein Selbstwertgefühl sehr erschüttert.«

Wie Elvira erzählt, entwickelte sie sich trotz der schwierigen Lebensumstände relativ unauffällig. Nach der Grundschule besuchte sie das Gymnasium. »Es war anfangs schwer, mich als eines von wenigen Mädchen auf einer Jungenschule reinzufinden. Ich habe mich viel gefürchtet, im Laufe der Zeit aber eingewöhnt. Als ich dann zum ersten Mal eine Liebesbeziehung hatte, lehnten meine Eltern meinen Freund so extrem ab, dass ich plötzlich und völlig unerwartet nach Regensburg verpflanzt wurde, da sie befürchteten, dass ich durch diese Beziehung mein Leben ruinieren würde.« Trotz dieser schwierigen Situation, des Schulwechsels und der Trennung vom gewohnten Lebensumfeld war Elvira bald Klassenbeste. »Nach einem halben Jahr musste ich dann gegen meinen Willen zurück in meine Heimatstadt und wieder in eine neue Schule, um dort mein Abitur zu machen.« Anschließend studierte sie in Freiburg Soziologie und ist nun als Professorin an der Universität tätig.

Elviras Beziehungserfahrungen mit Männern gestalteten sich problematisch: »Während meines Studiums hatte ich einen manisch-depressiven Freund, von dem ich schwanger wurde. Er drängte mich zu einer Abtreibung. Kurz darauf brachte er sich um. Auch von meinem nächsten Freund wurde ich schwanger. Ich hatte eine Fehlgeburt.« Einige Jahre später lernte Elvira ihren jetzigen, gleichaltrigen Mann, einen Geologen aus Italien, kennen. Kurz nach der Hochzeit bekam ihr Vater Krebs und starb nach wenigen Monaten. Elviras Mutter erkrankte in dieser Zeit an einem schweren Hautleiden. Zwei Jahre nach dem Tod des Vaters wurde Elviras erster Sohn Simon geboren, drei Jahre später Rafael. Bei Simon zeigten sich schon als Kind hohe Begabungen, in anderen Bereichen aber Störungen, zum Beispiel autistische Züge. Er hatte phasenweise Schwierigkeiten, Beziehungen zu knüpfen und aufrechtzuerhalten. Als Jugendlicher verbrachte er einige Monate in einer psychosomatischen Klinik. Elvira engagierte sich für ihren Sohn und sorgte auch für pädagogische Unterstützung, um ihm einen Weg aus der Krise zu ermöglichen. Auf ihren Mann konnte sie sich dabei nur wenig stützen. Inzwischen hat sich Simon gut entwickelt. Er studiert zielstrebig, ist sozial sehr aufgeschlossen und kontaktfreudig. Mit Rafael, ihrem jüngeren Sohn, versteht sich Elvira gut und fühlt sich mit ihm in einer »warmen Seelenverwandtschaft« verbunden.

Mir ist Elvira sehr sympathisch. Ich empfinde mit ihr eine seelische Verbundenheit und kann mich gut in sie einfühlen. Ihre geistigen Fähigkeiten, die enorme Lebensenergie, mit der sie ihre belastende familiäre Situation meistert, sowie ihre Klarheit sind gute Voraussetzungen für ihren Heilungs- und Entwicklungsprozess. Ich würde deshalb gerne mit ihr arbeiten. Als sich Elvira für mich unerwartet gegen eine Psychoanalyse bei mir und für eine Kurztherapie bei einem 68-jährigen Kollegen entscheidet, bin ich enttäuscht. Gemeinsam versuchen wir die Ursachen für ihren Entschluss zu ergründen: Befürchtet Elvira, mich wie ihre Mutter zu überlasten, wenn sie mich für so lange Zeit in der Therapie beansprucht? Hier offenbaren sich ihre tiefen, existenziellen Ängste und Schuldgefühle. In Elvira wuchs seit ihrer für die Mutter lebensbedrohlichen Geburt das Gefühl einer Überlebensschuld. Ihre Eltern waren nach ihrer Geburt völlig überlastet. Sie fragt sich bis heute: »Darf ich überhaupt da sein? Können wir beide, meine Mutter und ich, mit- und nebeneinander existieren?« Diese Ängste erlebt Elvira auch mir gegenüber: »Bin ich für Sie zu bedrohlich? Bin ich für Sie zu zerstörerisch? Können Sie meine Probleme und mein Leid erkennen und ernst genug nehmen?« Ich löse also in Elvira Befürchtungen aus, die sie als kleines Kind ihrer Mutter gegenüber verspürte. Körperlich und seelisch war Charlotte für Elvira mehrere Jahre lang kaum erreichbar. Die Mutter konnte Elvira nicht regelmäßig versorgen. Elvira erlebte häufig Beziehungsabbrüche und Trennungen und fürchtete die unberechenbaren Gefühlsausbrüche und absoluten Werturteile ihrer Mutter. Davor möchte sie sich nun schützen. »Lieber gehe ich, bevor ich von Ihnen wie von meiner Mutter wieder verlassen werde.« Rückblickend sehe ich Elviras Entschluss, mit einem Kollegen kurz vor dessen Eintritt in den Ruhestand zu arbeiten, auch als Wiederholung ihrer häufig erlebten frühkindlichen Trennungen. Nun schafft sie unbewusst selbst Trennungssituationen, die sie jetzt bearbeiten kann.

Nach der Kurztherapie meldet sich Elvira erneut, um mir mitzuteilen, dass sie jetzt zu einer Psychoanalyse bei mir bereit wäre. Sie habe inzwischen erkannt, dass sie Zeit und Raum für sich in Anspruch nehmen dürfe, und wünsche sich deshalb, kontinuierlich von mir begleitet zu werden.

In den folgenden Ausführungen möchte ich vor allem einen wichtigen Aspekt der Behandlung beleuchten. Ich konzentriere mich darauf darzustellen, wie stark Elvira in das Schicksal ihrer weiblichen Vorfahren verstrickt ist, wie diese seelischen Fesseln ihr eigenes Leben einschnüren und wie es uns gelungen ist, diese zu lösen. Dies zeige ich anhand von Träumen, gemalten inneren Bildern und ihrer Bearbeitung.

Das Geheimnis der Nonne

Bereits kurz nach Beginn der Therapie erzählt Elvira einen für sie wichtigen Traum. Dieser Traum von dem Geheimnis der Nonne, den sie vor fast dreißig Jahren, das heißt mit 26 Jahren, hatte, ist für Elvira noch heute enorm wichtig:

»Eine junge Nonne, sie stammt aus dem christlichen Mittelalter oder aus einer indianischen Kultur, fährt öfter heimlich in die Stadt. Heimlich legt sie ihre Nonnenkleider ab und geht zum Jazztanz. Sie wechselt ihre Identität. In ihrer Hand hält sie eine Schachtel. In dieser sind verschiedene Symbole. Sie befürchtet, dass sie, wenn sie ihre Schachtel öffnet und ihre Geheimnisse preisgibt, stirbt. Als sie diese nun wirklich aufmacht und deren Inhalt, kleine Figuren und ein Talisman, sichtbar werden, bricht ein leuchtend rotes Geschwür aus ihrer Brust auf. Sie muss wirklich sterben.«

Elvira fügt hinzu: »Die Schachtel mit den Symbolen verbildlicht meinen wahren Wesenskern. Auch ich befürchte zu sterben, wenn ich meine wahre Identität zeige, meine Vitalität zum Ausbruch kommt und wenn ich meine Geheimnisse und Wünsche preisgebe. Wie die Nonne befürchte auch ich, dass andere meine wahre Identität nicht ertragen. Dann könnte eine zerstörerische Katastrophe passieren. Wenn ich bin, wie ich bin, muss ich sterben.«

Elvira erzählt diesen Traum, als ob sie ihn erst kürzlich geträumt hätte. Ich frage, warum sie eine Katastrophe befürchte und Angst habe zu sterben, wenn sie ihre Identität leben würde. Sie erzählt dann, dass sie diesen Traum kurz nach ihrer Abtreibung, ihrer Fehlgeburt und mehreren zerbrochenen Beziehungen zu Männern hatte.

Ich weise darauf hin, dass die schwarz gekleidete Nonne den Tod und die Erstarrung verbildlicht, die Elvira nach dem Zerbrechen ihrer Liebesbeziehungen umhüllten. Diese fügt nun hinzu, dass ihre erste Liebesbeziehung von den Eltern unterbunden wurde und sie deswegen sogar in eine fremde Stadt geschickt wurde, so dass die Liebe in ihr, ihre Lebendigkeit als Frau und ihr Herz tief verwundet wurden. Auch die folgenden Liebesbeziehungen scheiterten. Ähnlich wie die Nonne, die ihrem Keuschheitsgelübde folgen muss, hatte sie zum Zeitpunkt dieses Traumes keinen Lebenspartner. Sie hatte aber längere Zeit – so merkt sie an – ein heimliches Liebesverhältnis zu ihrem 30 Jahre älteren Therapeuten. Im Nonnentraum symbolisiert Elvira auch die Katastrophe dieses Missbrauchs.

Zur nächsten Stunde bringt sie ein Bild ihres Traums (Bild 1) mit, das sie damals gemalt hat. Gemeinsam betrachten wir es. Ist der Traum schon unheimlich, so finde ich seine Darstellung im Bild noch bedrohlicher. Ich erschrecke über die riesengroße, in einen schwarzen Umhang gekleidete Nonne. Ihr knöcherner Schädel und ihre klauenartigen Hände erinnern mich an ein Skelett. Die Nonne krallt sich mit der einen Hand an dem Lebensbuch, mit der anderen an einer Schachtel fest. Unheimlich starren schwarze Augen aus einem Totenkopf.

Elvira stellt ihre schrecklichen Verletzungen dar: die unheilbare

Bild 1 zum Traum »Geheimnis der Nonne«

Wunde, der aufgerissene Brustkorb, das verletzte Herz. Das blutrote Geschwür in der Brust der Nonne erinnert mich an eine blutende Vagina. Sie steht für das als verhängnisvoll erlebte Frausein Elviras. Sie erzählt, dass sie schon immer unter schmerzhaften, starken Menstruationsblutungen litt. Ich frage Elvira, ob sich in der Ordensfrau nicht auch ihre erstarrte Mutter spiegele, die in ihren depressiven Phasen wie versteinert war und lange keinen Kontakt zu ihr aufnehmen konnte. Sie stimmt dieser Deutung zu. In der Wunde der Schattenfrau verdichten sich also Elviras frühkindliche Verletzungen und die Wunden, die ihre konfliktreichen Beziehungen und verlorenen Schwangerschaften hinterlassen haben.

Der Nonnentraum ist ein Schlüssel zu vielen Ereignissen aus der Biographie von Elvira. Ich vermute, dass sich in der Nonne mehrere Frauengenerationen verdichten, deren schreckliche Erlebnisse in ihrer Wunde erahnbar werden.

Wie Elvira hatte ihre Mutter schon als junge Frau zwei unglückliche Liebesbeziehungen, die infolge des Krieges tödlich endeten. Bei ihr und Elviras Großmutter führten Geburten zum Verlust der Gebärmutter und damit zu einer bleibenden Wunde im Zentrum ihrer Weiblichkeit. Das heißt, gerade ihr innerer Reichtum, ihre Lebendigkeit und Weiblichkeit wurden den Frauen der Familie zum Verhängnis. Elvira fügt nun hinzu, dass auch ihre Urgroßmutter mit drei Kindern früh verwitwet war und allein für den Lebensunterhalt aufkommen musste. Alle diese Frauen mussten tragische Verluste verkraften, die sie trauernd zurückließen. Sie litten große Not, viele ihrer Kinder starben in den ersten Lebensjahren, andere fielen dem Ersten und Zweiten Weltkrieg zum Opfer oder waren psychisch krank.

Nun bringt Elvira ein schreckliches Ereignis zur Sprache, das in ihrer Familie lange tabuisiert worden war: Anna, eine Großtante mütterlicherseits, hatte im Dritten Reich eine heimliche Liebesbeziehung zu einem verheirateten Gefängnisdirektor. Daraus ging eine uneheliche Tochter hervor. Anna wurde – möglicherweise aufgrund einer angeblichen psychischen Erkrankung – in eine psychiatrische Anstalt eingewiesen und fiel der sogenannten Euthanasie zum Opfer. Auch ihr wurde – so vermuten wir – das Frau- und Muttersein zum Verhängnis. Ich bin erschüttert. Jetzt werden mir auch einige der Aussagen, die Elvira zu Beginn der Therapie machte, verständlicher: »Ich spüre keine Lebensberechtigung. Ich habe das Gefühl, ich kann mich anderen nicht zumuten. Ich habe Angst, rausgeschmissen und weggeschafft zu werden.« Elvira äußerte damit eine Befürchtung, die auch mit dem grausamen

Schicksal ihrer Großtante Anna verknüpft sein könnte. Möglicherweise hatte ihre Mutter Angst, dass sich Annas Schicksal wiederholen könne, und gab diese Angst an ihre Tochter weiter.

Nach dem genaueren Erforschen des Nonnentraums wird verständlich, warum der *Familienschatten* – die dunkle Frau auf dem Bild – so groß ist: Viele Stunden sprechen wir über Elviras Familiengeschichte. Wiederholt zeige ich ihr dabei auf, dass sich die einzelnen Schicksale der Familienmitglieder unterscheiden und ihr andere Lebensmöglichkeiten als diese offenstehen. Das symbolisiert der Traum unter anderem in den im Kästchen enthaltenen kleinen Figuren, die Elvira an Mitbringsel ihres Vaters, Glücksbringer aus Südamerika, erinnern. Sie stehen demnach auch für eine positiv erlebte Beziehung zum Vater, für das geistige Erbe ihrer Eltern sowie ihre Entwicklungsmöglichkeiten. Ebenso symbolisieren »die kleinen Figuren« die Möglichkeit weiterer Schwangerschaften, die mehreren ihrer Ahninnen versagt blieb.

Elviras Selbstporträt als junge Frau ist an den Rand ihres Bildes gedrängt, kaum sichtbar skizziert. Erst die genauere Betrachtung zeigt eine anmutige Tänzerin mit einem zarten, hübschen Gesicht. Elvira erzählt, dass sie eine große Leidenschaft für das Tanzen hat und auch heute noch sehr gerne tanzt. Dies hat sie von ihrer Mutter gelernt. Ich weise darauf hin, dass sie also auch ihre Vitalität geerbt hat, und wünsche ihr, dass diese Lebendigkeit nun mehr Raum bekommt. Im Traum symbolisiert sie, dass sie ihre Schätze in der Schachtel verborgen halten muss, die sie jetzt leben könnte.

Ich habe keinen Raum

Kurz nach Therapiebeginn erzählt Elvira den folgenden Traum:

»Ich bin in der Stunde bei Ihnen. Es ist eine ganz kleine beengte Wohnung. Sie machen dies und das und sind völlig abgelenkt. Während der Stunde rufen Sie verschiedene Leute von einer Warteliste an, auch eine Mutter von kleinen Kindern. Es kommen dann viele Gäste, so dass kein rechter Platz für mich bleibt. Mein Sohn ist auch da. Es geht um Filme, Fotografien, auch um eine Theatergruppe. Hier ist ein lebendiger Austausch, ein kulturelles Zentrum.«

Als ich Elvira nach ihren Einfällen zu diesem Traum frage,

meint sie: »Als ich auf die Welt kam, wohnten wir im Haus meiner Großeltern in einer kleinen Zwei-Zimmer-Dachwohnung. Mutter und Vater waren berufstätig. Es waren nur wenig Raum und Zeit für mich da. Und wenn heute Platz für mich da ist, trete ich schnell zurück.« »Wie damals von Ihrem Therapieplatz«, füge ich hinzu.

Wir sprechen mehrere Stunden über Elviras schwierige Geburt, die durch die belastete Beziehung zur Mutter entstandenen Konflikte in ihrer frühen Kindheit. Charlotte war durch ihre Berufstätigkeit und ihre kulturell-politischen Interessen stark ausgefüllt. Mehrmals war sie monatelang mit ihrem Mann auf Reisen. Dann wieder hatte sie wochenlang Depressionen und körperliche Krankheiten, die den Kontakt mit der Tochter behinderten. Für Eltern und Kind gab es also kaum geschützten intimen Raum. Ich zeige an unterschiedlichen Erlebnissen, die Elvira hierzu berichtet, auf, dass die Mutter aufgrund ihrer beruflichen Überlastung sowie ihrer psychischen und körperlichen Krankheiten kaum kontinuierliche Geborgenheit bieten konnte. Elvira war deshalb häufig bei ihren Großeltern und ihren Tanten. Dort fand zwar ein lebendiger kultureller Austausch statt, war aber »kein rechter Platz« für ein Baby und Kleinkind.

Der Traum spiegelt auch Elviras Leben als Erwachsene. Auch sie selbst hatte als Mutter zeitweise nicht die Möglichkeit, ihren Kindern genügend Raum zu geben. Ein Ungeborenes musste sie, gedrängt vom Kindsvater, abtreiben. Auch der Entwicklungsraum ihrer Söhne war und ist aufgrund der Überlastung, insbesondere durch den psychisch kranken Mann, zeitweise gefährdet.

In ihrem Traum überträgt Elvira ihre Familiengeschichte auf die Beziehung zu mir. Sie befürchtet bei mir dieselben misslichen Umstände vorzufinden, die ihre Familie seit Generationen belasten. Auch bei mir haben meine Patienten – ihrer Phantasie entsprechend – keinen Platz, sondern stehen auf der Warteliste. Sogar eine Mutter von kleinen Kindern findet keine Aufnahme. Hier zeigt sich Elviras Angst: »Habe ich bei Ihnen mit meinen Kindern Platz? Habe ich mit meiner ganzen Lebensgeschichte bei Ihnen Platz? Hat meine Mutter mit mir als kleinem Kind bei Ihnen

Platz? Bekommen meine Interessen bei Ihnen Raum? Können Sie unseren therapeutischen Raum schützen?«

Zudem verbildlicht der Traum belastende Ereignisse aus der Lebensgeschichte von Elviras Mutter: Charlotte und ihre Ursprungsfamilie hatten viele Jahre lang keinen geschützten sicheren Raum. Die große Wirtschaftskrise, die existenzielle Not und die Auswanderung in einen fremden Kontinent, die Rückkehr nach Deutschland kurz vor Ausbruch des Zweiten Weltkriegs verdüsterten ihr Leben. Auch Charlottes Bindung an ihre Mutter war wahrscheinlich hierdurch belastet, zudem überschattete die Trauer ihrer Mutter um zwei kurz vorher verstorbene Brüder vermutlich deren Beziehung.

Der Familienauftrag

Wie belastend Elvira ihre Familiengeschichte heute noch erlebt, verdeutlicht der folgende Traum:

»Ich bin in einer Gruppe. Alle sind lebendig und engagiert. Verschiedene Aufgaben müssen verantwortlich erledigt werden. Ich bin auf dem Dach des Mietshauses und habe mehrere Gegenstände, für die ich verantwortlich bin, in der Hand. Ich denke, dass ich sterben muss, wenn ich auch noch eine Audiokassette mitnehme, auf der eine wichtige Geschichte gespeichert ist. Wenn ich die Kassette daließe, könnte ich schonender nach unten gelangen, weil ich eine Hand frei hätte. Dann springe ich mit der Kassette vom Dach. Rettende Helfer empfangen mich. Ich bin zwar querschnittsgelähmt, aber nicht tot.«

Elvira fügt hinzu: »Ich habe mir was aufgeladen, eine alte Story, meine Familiengeschichte, meinen Familienauftrag. Meine Familienschuld ist so schwer, dass sie einen halb umbringt. Ich wurde mit nicht kindgemäßen Aufgaben überlastet. Dadurch überforderten mich meine Eltern. Meine Mutter erwartet, dass ich ihre Geschichte trage.« Diese Überforderung gefährdet Elvira. Was ist auf der Kassette? Elvira erinnert, dass sie eine Kassette besitzt, auf der eine therapeutische Sitzung über ihre Geburt und die lebensbedrohlichen Ängste ihrer Mutter, die sie als Kind miterleben musste, aufgenommen ist. Auch auf der Kassette im Traum – so meint Elvira – könnte ihre Familiengeschichte gespeichert sein.

Diese muss verschwiegen bleiben, andernfalls sieht sie sich bedroht.

Der Familienauftrag, von dem Elvira wiederholt spricht, besteht unter anderem darin, über Sexualität, psychische Krankheiten und Konflikte zu schweigen. Elvira muss bis heute die familiäre Vernebelung aufrechterhalten, die Realität verzerren und insbesondere die Ehe ihrer Eltern idealisieren. Trotzdem hat sie den Mut, sich aus ihrer Familie zu lösen. Der Sprung nach draußen, aus dem Elternhaus, ist sehr bedrohlich. Dabei trägt sie selbst die Verantwortung für ihre Geschichte. Sie nimmt diese mit, anstatt sie ihren Kindern zu überlassen. In der Therapie fasst Elvira Vertrauen in »rettende Helfer«, also in mich und in ihr soziales Netz. Wir fangen sie auf und bewahren sie vor dem Tod.

In diesem Traum zeigt sich – darauf weise ich Elvira hin – möglicherweise auch ihr Wunsch nach dem »Sprung« aus ihrer belastenden Ehe. Dies thematisiert Elvira auch in folgendem Traum:

»Ich gehe ins Bad. Dort ist mein Mann mit meiner Großmutter. Ich sehe Blutspuren. Ich komme rein und möchte mich waschen. Sie reden weiter, wie wenn ich gar nicht da wäre. Er sagt, dass er sich beengt fühlt und das Leben perspektivlos sei. Die Großmutter erwidert: ›Auch daraus wird es einen Weg geben.‹«

Elvira betont, dass sie den großen Wunsch hat, sich mit den *blutigen Spuren* in ihrer Familie auseinanderzusetzen. Wir arbeiten daran, warum Elvira das Gefühl hat, sich nicht von ihrem Mann trennen zu dürfen, obwohl dieser durch seinen Alkoholismus ihr und ihren Kindern so viel Leid zugefügt hat. Elvira entgegnet hierauf: »Ich habe immer Angst, Schuld auf mich zu laden, wenn ich meinen Mann nicht rette.«

Elviras Traum thematisiert in der Begegnung von Großmutter, Enkelin und Ehemann auch die Verbundenheit von Generationen und das Unglück, das in Elviras Familie um sich greift, wenn Frau und Mann sich intim begegnen: Fehlgeburten und lebensgefährliche Geburten sind die Folge.

Die Blutspuren führen mich erneut zum Schicksal der Großtante Anna, die ein Opfer der »Euthanasie« war. Die aus deren Geschichte resultierende Angst der Familie macht verständlicher, warum die Bedeutung und die Tragweite von Charlottes psychischen Krisen vernebelt und nicht erfasst werden konnten. »In der Nazizeit und auch in den Jahren der darauf folgenden amerikanischen Besatzung konnte es tatsächlich lebensgefährlich sein, ›Abweichungen‹ jedweder Art zuzugeben«, erklärt Elvira.

Ich vermute, dass Befürchtungen infolge der oben genannten politischen Umstände und das Trauma von Annas Ermordung den Blick der Familie auf die Krankheit von Elviras Mutter und ihren Mann bzw. auf den seit der Nazizeit gewandelten gesellschaftlichen und medizinischen Umgang mit psychischen Erkrankungen getrübt haben: Möglicherweise hinderte auch die Angst, als psychisch krank stigmatisiert zu werden, die Betroffenen daran, sich in psychotherapeutische Behandlung zu begeben. Im Traum zeigt Elviras Großmutter Verständnis, verurteilt nicht, sondern verweist auf Wege aus dieser Verstrickung. Elvira sieht darin die Erlaubnis zur Trennung von ihrem Mann.

Ein weiterer Traum:

»Ich bin im Supermarkt. Meine Freundin Moni arbeitet dort in der Fleischabteilung. Sie hat ihr Baby, mein Patenkind, dabei. Es muss zum Arzt und liegt auf dem Boden hinter der Theke. Ich nehme es in den Arm, rede mit ihm, es schaut mich an und sagt: ›Es wäre schön, wenn du öfter kämst.‹«

Es ist für mich erschütternd, dass dieser Traum, seine Besprechung sowie meine emotionale Reaktion darauf Elvira gefühlsmäßig kaum zu berühren scheinen.

Wie einst Elvira ist das Kind im Traum heimatlos, ohne geschützten mütterlichen Raum. Die Freundin Moni kann – wie Elviras Mutter – zu ihrem Baby kaum einen körperlichen und gefühlsmäßigen Kontakt herstellen, weil sie arbeiten muss. Interessanterweise kann das Baby schon sprechen. Elvira lernte auch früh zu sprechen. Die Sprache – so betont sie – ist für sie im beruflichen und im sozialen Bereich sehr bedeutsam. Sie beginnt nun, ihr sprachfähiges inneres Kind wahrzunehmen, spürt dessen Bedürfnisse und kann zu ihm einen liebevollen Kontakt aufnehmen. Auch Elviras Wunsch, ihre eigenen Kinder zu umhegen, zeigt sich.

Durch die therapeutische Beziehung erlebt Elvira, dass sie als Kind *liegengelassen* wurde, kein Raum für eine körperliche und zärtliche Beziehung zu ihrer Mutter war. Jetzt hat sie den Wunsch nach einem liebevollen Austausch in einer lebendigen Beziehung.

Eingesponnen im Dunkeln
In ihrem nächsten Traum setzt sich Elvira mit ihrer inneren Einsamkeit auseinander:

»Ich bin abgeschnitten von meiner Vitalität und Farbigkeit, eingesponnen unter Spinnweben, begraben. Kein Ausweg ist sichtbar. Ich kauere wie in einem Luftschutzkeller. Draußen tobt der Krieg. Nur ganz blasse, verdüsterte Sonnenstrahlen dringen zu mir.«

Elvira findet diesen Traum ganz furchtbar. Er verbildlicht ihre in Düsternis eingesponnenen seelischen Zustände: »Abgeschnitten von Gefühlen und vom Leben. Mein Leben ist durch die psychische Krankheit anderer vernebelt.« Während Elvira das auf der Couch liegend erzählt, berichtet sie, dass sie plötzlich alles schwarz-weiß sehe. Ich entschließe mich deshalb, im Sitzen mit ihr weiterzuarbeiten.

Vermutlich erlebt Elvira in der Therapie ähnliche Zustände wie in ihrer frühen Beziehung zur Mutter. Nun können wir darüber sprechen. Hierbei zeigt sich, dass die Einsamkeit so tief in ihre Seele eingedrungen ist, dass sie sich selbst wie im Nebel fühlt und nichts Farbiges mehr sehen kann. Das frühkindliche Abgeschnittensein von der Mutter, die von inneren Katastrophen und dadurch auch von verwirrenden Gefühlszuständen erfüllt war, verbildlicht sich. Elvira erlebt möglicherweise ähnliche Wahrnehmungsverzerrungen, wie sie sie als Baby erlebte.

Elvira malt zu Hause dieses Traumbild (Bild 2) und zeigt es mir in der nächsten Stunde. Es stellt eine im Dunkeln, wie in einem Keller kauernde Frau dar. Beim gemeinsamen Betrachten des Bildes fällt ihr auf, dass diese Figur ihrer Mutter ähnlicher sieht als ihr. Deren Leben wurde phasenweise im Luftschutzkeller verdüstert und eingeengt. Sie war damals wirklich eingesperrt und hatte keinen Zugang zur Sonne. Angeregt durch ihren Traum, durch sein Malen und das gemeinsame Besprechen des Bildes erkennt

Bild 2 zum Traum »Eingesponnen im Dunkeln«

Elvira, wie ihre Mutter in ihrer Depression gefangen war, die ihre innere Welt vermutlich noch Jahrzehnte nach dem Krieg verdüsterte. Elvira stellt zudem dar, wie diese dunkle Welt in ihr Inneres eingedrungen ist.

Ich ergänze, dass sie dadurch ihren eigenen Raum kaum schützen und gestalten konnte. Durch die Wahl ihrer Männer, insbesondere ihres manisch-depressiven Ehemannes, wiederholt sie diese Beziehungstragik.

Das thematisiert der folgende Traum, in dem Elvira von einer Braut träumt, die gefragt wird, ob sie einen toten Bräutigam heiraten will. Sie erläutert: »Dieser Traum stellt die Beziehung zu meinem Mann dar. Seine Sucht und seine psychische Krankheit haben unsere Beziehung zerstört. Es ist wie eine Opferung.« Im Traum thematisiert sie auch die Liebesbeziehung zu ihrem früheren Lebensgefährten, der sich suizidiert hat.

Auf einer weiteren Ebene steht der tote Bräutigam auch für Elviras Lebensmöglichkeiten, die sie nicht entwickeln konnte. Wie in der Beziehung zu den Eltern vieles für sie nicht lebbar war, so bleiben in ihrer Ehe viele ihrer Begabungen und Fähigkeiten sowie ihre Sinnlichkeit blockiert.

Ich weise sie darauf hin, dass sich dieser Traum auch mit der Lebensgeschichte ihrer Mutter in Verbindung bringen lässt. Sie verlor zwei »Bräutigame« infolge des Krieges. Daraufhin erwähnt Elvira, dass auch ihre Urgroßmutter mütterlicherseits einen schwer lungenkranken Mann hatte, der nicht arbeitsfähig war. Die Urgroßmutter, deren Namen Elvira trägt, musste vorwiegend alleine für den Familienunterhalt aufkommen. Es verdeutlicht sich, dass mit der Namensgebung auch der entsprechende Familienauftrag verbunden ist. Auch Elvira sorgt sehr für ihre Familie. Ich zeige ihr wieder auf, dass sie andere Lebensmöglichkeiten als ihre Ahnin hat. Jedes Familienmitglied hat sein ganz eigenes Schicksal und sie muss es nicht gezwungenermaßen mit diesen teilen. Diese Gespräche eröffnen Elvira neue Wege und Perspektiven. Sie entwickelt eine Vorstellung davon, wie sie sich aus der dunklen Welt befreien könnte.

Ihren Weg aus diesen seelischen Verstrickungen malt Elvira in einem Bild (Bild 3). Sie stellt sich selbst als dunkle Gestalt im Vordergrund dar. Die anderen Figuren – erklärt sie – symbolisieren ihre Mutter, ihre Großmutter, ihre Großtante und ihren Mann. Auf dem Bild befinden sich diese in anderen Räumen. Elvira erlebt sich nun stärker abgegrenzt. Das Erkennen familiärer Verstrickungen hat ihr ermöglicht, ihren eigenen Lebensweg wahrzunehmen, der, in rosa Farbe ausgeführt, ins Zentrum des Bildes gerückt ist. Elvira bricht auf zu Sonne, Mond und Sternen, in eine lichte, farbige Welt mit Blumen und anregenden Menschen.

Ihr Bild beschreibt sie folgendermaßen: »Ich bin die schwarze Figur, die sich auf den Weg aus dem Schatten ins Licht macht, vorbei an den sperrigen schwarzen Toren und an schwarzen Figuren, die mir aber nichts mehr anhaben können. Meine Großtante Anna war voller Vitalität und Humor. Sie schaut zu mir herunter, ihr Gesicht ist teilweise von einem braunen Hut bedeckt und überschattet, die Vergangenheit eingebrannt. Anna ist die größte und auffälligste Figur auf dem Bild. Anna, das Gespenst, das jahrzehntelang in unserer Familie tabuisiert wurde, verwandelt sich in

Bild 3 »Weg aus dem Dunkeln«

einen Wegweiser! Wohin? Ich wende mich schon in die Richtung, aber noch habe ich die rosa Straße nicht betreten. Wenn ich den Weg aber gegangen sein werde, dann wird nicht nur der Weg frei zu Sonne, Mond und Sternen, sondern auch zu dem erdhaften, fröhlich feiernden Kreis von Menschen: Da sitzt man gemütlich beisammen, es gibt gemeinsam bereitetes Essen, engagiertes Teamwork, Tanz und Kreativität. Dabei erzählen wir uns unsere Geschichten.«

Für Elvira wird ein Ausweg aus der dunklen Welt, ein Weg aus Ängsten und Depressionen erkennbar. Durch die Therapie werden ihr ihre eigene Lebendigkeit und das Engagement ihrer Ursprungsfamilie deutlicher. Elviras Vater und dessen Familie waren Mitglieder der Friedensbewegung und führten ein anregendes künstlerisches Leben. Er erkannte auch Elviras künstlerische Fähigkeiten und förderte sie. Sie erzählt, dass ein Teil ihrer Großfamilie in den dreißiger Jahren in Südamerika blieb. Dies wäre möglicherweise für ihre Mutter in vieler Hinsicht rettend gewesen. Sie und ihre Familie wären dadurch vom Krieg verschont geblieben. Das Lebendige, Farbige nimmt nun auf der Bildebene wie in Elviras aktuellem Leben mehr Raum ein.

Jetzt habe ich mir selbst ein Nest gebaut

Nun träumt Elvira:

»Ich bin in einem Kreis oder in einer Kugel inneren Lichts. Ich bin ich selbst, wie ein kleiner Vogel, von Licht und Nest umgeben.«

»Ich fasse Vertrauen in den therapeutischen Schutzraum und brüte neue Perspektiven aus«, beschreibt Elvira ihr jetziges seelisches Befinden.

Das Bild zum Nesttraum (Bild 4), das sie zu Hause gemalt hat, zeigt sie mir in der nächsten Stunde. Sie fügt hinzu: »Mir scheint, jetzt habe ich mir selber aus verschiedenfarbigem Gras, Stroh und

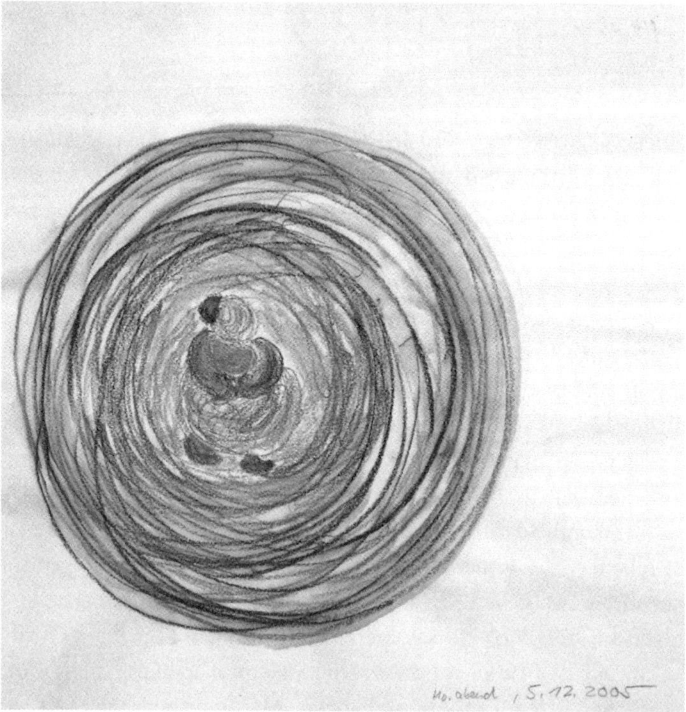

Bild 4 zum Nesttraum

Heu ein Nest gebaut. Es gibt mir Geborgenheit in meiner ureigenen Spiritualität. Ich sitze in der Mitte mit grünen Armen und Füßen. Liebevoll hüte und schütze ich mein lebendiges, rotes, liebevolles Herz.«

Elvira sitzt im eigenen Nest, das sie in vielen verschiedenfarbigen Kreisen gestaltet hat. Sich selbst stellt sie als runde, weiblich geformte Frau dar, die ein Nest für sich und ihr Baby gebaut hat. Die Figur erinnert Elvira auch an die positiven Eigenschaften und Fähigkeiten ihrer Mutter und Großmutter, mit denen sie sich nun identifiziert. Sie entdeckt ihr familiäres Fundament, wie sich auch im folgenden Traum zeigt.

Das Fundament

»Eine große Wohngemeinschaft bricht auseinander. Es ist ein großes Zimmer mit einer Treppe und Steingewölben wie im Tessin. Aus dem Steingewölbe in dem Zimmer bricht ein Stein heraus. Das Gewölbe bricht zusammen. Da kommt ein junger Franzose und hilft beim Aufräumen. Ich schlafe dann in einem Zelt. Es steht auf rötlichem Sand. Als ich ihn mit einem Schlauch wegspritze, werden alte Pflastersteine aus meiner Heimatstadt sichtbar. Mein Mann erscheint in der Tür, halb Arzt halb Clown. Er sollte eigentlich in einer anderen Stadt arbeiten. Er hat mir Hilfe angeboten, ist aber nicht gekommen. Ich denke mir, wenn mehrere aus der WG ausziehen, entsteht viel Platz und viele Räume zum Gestalten. Dann sehe ich einen männlichen Therapeuten in einer Pepita-Jacke. Er gleicht einem Metzger und fragt, was ich zum Thema Opfer sagen will.«

In diesem Traum zeigen sich erneut Bezüge zu ganz verschiedenen Zeitebenen, zu Elviras aktueller, sich verändernder Familie und ihrer früheren Lebenssituation. Für Elvira ist der Traum so wichtig, dass wir viele Stunden über ihn sprechen.

Sie schildert ihre Einfälle: »Meine Familie bricht derzeit auseinander. Meine Ehe ist eher eine Wohngemeinschaft. Aber mein Leben ist nicht mehr auf Sand gebaut. Ich habe mein gutes, stabiles Fundament freigelegt. Das alte Pflaster, das sich in der Realität vor dem Wohnhaus meiner Großeltern und Eltern befindet, die Wurzeln meiner Familie, habe ich wieder sichtbar gemacht. Das alte Familiengebot, die eigenen Wahrnehmungen zuzudecken und nicht danach zu handeln, habe ich aufgekündigt.« Auch in Elvira selbst bricht ein altes Familiengesetz zusammen. »In meiner Ursprungsfamilie war es wichtiger, die Gemeinschaft, so brüchig sie auch sein mochte, zu stützen und die Illusionen der Großartigkeit, Einzigartigkeit aufrechtzuerhalten, als seiner Wahrnehmung zu folgen und danach zu handeln. Heute sehe ich, dass ein eigener Raum und getrennte Wege sein dürfen. Das gilt wohl auch für die Therapie.«

Viele familiäre Verstrickungen sind weitgehend bearbeitet. Das ermöglicht wichtige Individuationsprozesse, die im Traum durch das Zelt, den eigenen Raum, symbolisiert werden. Elvira kann sich nun von ihrem Mann und ihren Söhnen innerlich etwas lösen und ihre künstlerischen Fähigkeiten mehr entfalten. Ebenso wie im Traum, in dem ihr Mann halb als Arzt halb als Clown erscheint, hat er auch in der Realität mehrere Gesichter. In seinen manisch-depressiven Zuständen und dann wieder in durchaus freundlichen und toleranten Phasen erscheint er in verschiedenen Identitäten. Auch in Wirklichkeit lässt er sie oft im Stich, berichtet Elvira.

Der männliche Therapeut, der einem »Metzger« gleicht, erinnert sie auch an ihren früheren Psychotherapeuten. Dieser behandelte sie vor 30 Jahren. »Er vermischte die Therapiesituation mit einer Liebesgeschichte und hatte mit mir sexuelle Kontakte.« Die Bearbeitung der durch die Übergriffe des Therapeuten entstandenen Wunden lässt ihr Vertrauen in unsere therapeutische Beziehung wachsen. Das zeigt sich deutlich im folgenden Traum:

»Ich bin in einer Pension. Ein alter Schulfreund ist auch da. Er ist sehr liebevoll und aufmerksam. Mit Kolleginnen habe ich dann ein anstrengendes Projekt zu bewältigen. Wir ziehen uns deshalb in einen Container zurück. Er hat ein Fenster, durch das man die Berge sehen kann. Der Container verwandelt sich dann in eine Gondel und wir fahren auf einen Berggipfel.«

Elvira fügt hinzu: »In diesem Traum gibt es einen Schutzraum. Man hat viele Perspektiven, die man wirklich umsetzen kann. Mein spiritueller Weg geht nach oben. Es beginnt eine Bewegung. Ich habe unterstützende freundschaftliche Kontakte.« Hier stellt

Elvira ihre stabilen beruflichen und freundschaftlichen Beziehungen sowie unsere therapeutische Arbeit dar: Gemeinsam sitzen wir in einem Container, in einem geschützten Raum. Elvira erlebt darin eine kontinuierliche Therapie, die ihr ausreichend Zeit zur Bearbeitung ihrer Probleme bietet. In diesem Rahmen betrachten, sortieren und verstehen wir ihre Sorgen, Ängste, ihre Erlebnisse und Beziehungsgeflechte. Dieser Prozess zeigt sich auch in einem weiteren Traum:

»Es ist wie ein Bilderbuch, in welchem ein kleines Mädchen ihre Lebensgeschichte wie durch eine Scheibe anschauen kann. Es ist adoptiert. Dann kann sie diese Scheibe frei machen und erhält dadurch einen klareren Blick. Das Mädchen sieht dann eine Person, die sie zu sexuellen Handlungen genötigt hat. Ich selbst bin dabei wie eine Fürsprecherin und eine Frau, mit der das Mädchen reden kann. Im Nebenzimmer ist eine Frau mit einem Liebhaber.«

Elvira berichtet, dass auch in der Realität ihr Blick auf die eigene Lebensgeschichte klarer und differenzierter wird. Als Voraussetzung für ihre wachsende Klarheit sieht sie meine Anteilnahme und mein Erkennen ihres Wesens. Ihre Mutter erlebte sie nach der Geburt wie einen fremden, adoptierten Säugling. Elviras eigene Wahrnehmung, ihre Andersartigkeit konnte die Mutter kaum annehmen und fördern. Elvira sieht in diesem Traum auch den seelischen Missbrauch durch ihre Eltern. Diese vermischten und vertauschten die Eltern-Kind-Ebene und drängten sie früh in die Rolle der Erwachsenen. Sie erläutert, dass sie möglicherweise auch deshalb so bereitwillig auf das Beziehungsangebot ihres früheren Therapeuten einging.

Vergleicht man Elviras ersten Traum während der Therapie, in welchem sie keinen Schutzraum bzw. intimen Raum hatte, mit den späteren, so zeigt sich ihre Entwicklung innerhalb des letzten Jahres. Elvira baute ein eigenes Nest und etablierte einen »Container«. Darin entwickeln sich neue Perspektiven. Rückblickend kündigen diese Träume auch Elviras weitere Entwicklung an. Ich rege sie an, auch die Beziehung zu ihrem Mann klarer anzuschauen. Sie weist darauf hin, dass es ihr wesentliches Ziel ist, ihren eigenen Weg zu finden, indem sie ihn beim Gehen entstehen lässt. Mehrmals zitiert sie ein spanisches Gedicht: »Der Weg entsteht beim Gehen« (Antonio Machado, 1912, vgl. Elviras Bericht, S. 62 ff.).

Die innere Auseinandersetzung mit der ehelichen Beziehung
In den folgenden Wochen beschäftigt sich Elvira mit der Beziehung zu ihrem Vater sowie zu ihrem Mann. Sie träumt, dass sie in einem Reihenhaus wohnt. Dort wird von einem freundlichen Gastgeber, »der aber tot ist«, ein Fest gegeben. In einem weiteren Traum besucht sie auf einem Friedhof das Grab ihres Vaters. Sie erzählt, angeregt durch diese Träume, von dem großen Schmerz der Mutter nach dem Tod ihres Mannes. Damals gab es keinen Raum für Elviras Trauer um den Vater. Elvira erinnert dieser Traum auch an ihre eigene Ehe, die in vielen Bereichen wie tot ist. Sie beschreibt nun detaillierter den Alkoholmissbrauch ihres Mannes und das Chaos, das er in seinen manischen Zuständen hinterlässt. Auch der nächste Traum verbildlicht die eheliche Beziehung:

»Ich bin in einem Sommergarten bei meiner Mutter. Dort ist das Gras sehr hoch. Ich kämme es mit dem Rechen durch. Ich finde auf einer Iso-Matte einen Vogel, den eine Katze zur Strecke gebracht hat. Er ist halb tot. Die Katze spielt mit ihm.«

Elvira fährt fort: »Es ist ein grausames Spiel. Ich weiß nicht, wie ich es beenden soll. Mein Mann hat mich zur Strecke gebracht. Der Vogel wünscht sich den Gnadentod, weil er seinen Frieden will.« In diesem Traum stellt Elvira ihre eheliche Beziehung als grausame Begegnung zwischen Vogel und Katze dar. Diese beiden können sich weder liebevoll begegnen, noch friedlich zusammenleben. Die Katze bleibt der Todfeind des Vogels. Hier symbolisiert sich auch die Sucht und Rücksichtslosigkeit ihres Mannes, die sich darin äußert, dass er nächtelang wegbleibt, sein Vermögen sowie seine Einnahmen verschwendet und unzuverlässig ist. Das Zärtliche, die Sexualität und der Dialog in der Beziehung wurden »zur Strecke gebracht«. Die Bearbeitung dieser Träume ermöglicht es Elvira die Auswirkungen der Sucht und der psychischen Krankheit ihres Mannes auf ihre Beziehung klarer wahrzunehmen. Lange hat sie die Folgen seiner manischen Zustände und Depressionen verharmlost. Nun erkennt sie, dass sie sich kaum schützen kann. Intensiv arbeiten wir an ihrer Verleugnung des seit Jahren zerrütteten Verhältnisses. Das deutlichere Wahrnehmen und das Erkennen, wie belastet ihre Beziehung ist, führt auch in der Realität zu einer konsequenteren inneren Auseinandersetzung und zu Trennungswünschen.

Ich betone, dass die Katze, die mit dem halbtoten Vogel spielt, auch ihre inkonsequente Haltung und ihre Aggression gegenüber ihrem Mann verkörpert. Elvira setzt sich im folgenden Traum damit auseinander:

»Ich bin in meinem Haus. Im unteren Gang ist ein Tiger. Er ist klein, wird aber immer größer und stärker, bis er zur Decke springen kann. Ich gehe dann hinunter und spiele mit ihm wie mit einem Hund, bis es mir gelingt, an ihm vorbeizukommen.«

Elvira fällt zu diesem Traum ein: »Ich spüre eine mächtige Energie in mir, die aber ganz unkontrolliert ist.« Zu Hause malt Elvira ihren Kampf gegen einen riesigen Tiger (Bild 5). Sie stellt ihre Aggression und Todesangst im Traum und bildnerisch dar, ohne sie direkt spüren zu können. Auf mich wirkt sie dadurch manchmal sehr distanziert. Das Schreckliche, Lebensbedrohliche in diesem Traum – der immer größer werdende Tiger – wird verharmlost. Als ich Elvira mit meinen Beobachtungen konfrontiere, zeigt sie wenig emotionale Reaktionen. Ich kann sie auf der Gefühlsebene kaum erreichen. Ich frage, ob der Tiger nicht auch verbildliche, wie bedrohlich die Krankheit ihres Mannes sei, die sie zunehmend wahrnimmt. Das Grauen und die Gefahr, die in vielen Träumen, etwa durch Blutspuren im Bad, den Metzger, die Katze und den Tiger symbolisiert werden, vermittelt Elvira in unserer Beziehung kaum. Auch Wut oder Enttäuschung mir gegenüber äußert sie selten.

Auf einer weiteren Ebene erkennt Elvira in dem Tiger auch die narzisstischen Ansprüche ihrer Mutter, die ähnlich wie der Tiger viel Raum einnehmen und an denen sie nur schwer vorbeikomme. Der Tiger verkörpert auch – so erarbeiten wir – die Herausforderungen des Lebens. Die Bearbeitung dieses Traums ermöglicht es Elvira, die Krankheit ihres Mannes und die schwierige Beziehung zu ihm realistischer wahrzunehmen.

Bild 5 zum Tigertraum

»Ich bin tief in mir zusammengeschmolzen und habe schöne Kristalle und Formen. Ich habe einen Avocado-Topf mit vielen kräftigen Trieben wie von Zwiebelpflanzen. Eine Freundin hatte eine Wochenendbeziehung. Sie ist klar strukturiert. Sie streitet aber viel mit ihrem Mann. Er benimmt sich unmöglich, so dass klar ist, dass sie in zwei Jahren kein Paar mehr sein werden. Er haut ihr dann eine herunter.«

Dieser Traum symbolisiert, dass in Elvira selbst etwas zusammengeschmolzen ist. Die Kristalle verbildlichen ihre zunehmende Klarheit. Sie erzählt, dass ihr Mann Kristalle sammelt und ihr sowie den Söhnen oft schöne Exemplare schenkt. Ihr Mann habe auch einen großen selbstgezogenen Avocadobaum in die Ehe mitgebracht. Das Einzigartige und Kostbare der Beziehung zwischen Elvira und ihrem Mann werden sichtbar. Die Pflanzentriebe weisen auf das Positive in dieser Ehe hin. Elvira nimmt deutlich auch ihre wachsenden »Triebe«, ihre sich entfaltenden Fähigkeiten und Wünsche wahr. Gleichzeitig projiziert sie die ehelichen Konflikte und Aggressionen auf die Beziehung einer Freundin.

Ich weise darauf hin, dass es sich wohl um ihre eigene Beziehung handle. Aufgrund ihrer großen Schuld- und Schamgefühle dürfe sie Aggression bei sich und ihrem Mann nicht wahrnehmen, sondern habe sich mit seiner Krankheit arrangiert. Ursache hierfür seien unter anderem ihre Schwierigkeiten, gegenüber ihrem kranken Mann Trennungsabsichten zu äußern. Elvira fügt hinzu, dass sie über diesen Traum sehr erschrocken sei. Sie habe Angst vor der Auseinandersetzung, vor seiner und ihrer eigenen Aggression, erkenne aber nun, dass sie die Verleugnung nicht länger mitmachen will. Ihr fällt auf, dass ihr Mann in seinem passiven, depressiven Rückzugsverhalten sich selbst und die Familie blockiert. Dies vernebelt die familiäre Atmosphäre.

Die Entfaltung des persönlichen Kerns und der reifen Weiblichkeit
Das Sprechen über ihre schwierige Ehe und das Arbeiten an ihren inneren Blockaden bestärken Elvira und ermutigen sie zu neuen Schritten. Ihre Entwicklung zeigt sich in mehreren Träumen.

»Ich bin in einem Kaufhaus und probiere neue Kleider. Dort ist eine hilfreiche Verkäuferin. Wir haben einen großen Kleiderständer, um was auszusuchen.«

Elvira erläutert diesen Traum: »Bei mir geht es darum, etwas Altes abzulegen. Die Verkäuferin bin ich selbst. Meine eigene Seele, sie leitet mich nun an. Ich hatte bisher Scham zu zeigen, wie ich wirklich bin.« Die große Auswahl an Kleidern verweist auf ihren neu gewonnenen inneren Reichtum und ihre Möglichkeiten, die sich in unserer therapeutischen Beziehung entfaltet haben. Das Bearbeiten der Schuld- und Schamgefühle, die Elvira bisher gehindert haben, sich von ihrem Mann innerlich zu trennen, zeigt sich unter anderem in einem weiteren Traum von einer eleganten grauhaarigen Frau, die sie segnet und ermutigt, ihren eigenen Weg zu gehen.

Elvira sieht in der Verkäuferin und in dieser Frau mich und ihre Großmutter, die ihre Entwicklung absegnen. Sie erzählt: »Meine heiß geliebte Großmutter war meine persönliche Vertraute und verlor nie ihre eigene Mitte.« Nach einer Pause fährt Elvira fort: »Leider ist sie gestorben, als ich fünfzehn Jahre alt war. Auch damals konnte meine Mutter nicht wahrnehmen und erkennen, was das für mich bedeutete. Über meine Gefühle nach Großmutters Tod konnten wir nicht sprechen. Nun aber spüre ich, dass ich den Segen meiner Eltern habe. Sie entlassen mich in die Selbstständigkeit und erlauben mir, meinen eigenen Weg zu gehen.« Elvira träumt:

»Ich gehe durch ein Haus mit verschiedenen Stockwerken. Ich sehe viele Pflanzen. Aus jeder Pflanze kommen frische Triebe. Ich kann mich an mir freuen.«

Dieser Traum verdeutlicht Elviras wachsende Vitalität. In der Therapie bekommt nun auch das gute Erbe ihrer Vorfahren, deren vielseitige Talente und kulturelle Anregungen, mehr Raum. Dies drückt sich in einer weiteren Serie von Träumen aus, in denen sie kraftvoll mit ihrer Mutter im Meer schwimmt. Elvira bezeichnet sie als ihre »Kraft-Träume«:

»Wir sind in Südamerika. Ich schwimme mit meiner Mutter und anderen lieben Menschen im milden Sommerlicht in einem Flussdelta aufs Meer hinaus. Es werden Erdarbeiten gemacht. Es ist ein gewaltsamer Einbruch. Uns kommen zuerst kleine Erdbrocken entgegen. Wellen von großen Schiffen schaukeln uns fröhlich. Dann kommen uns immer mehr größere Erdbrocken entgegen, so riesig wie Häuser. Sie versperren die Sicht und auch den Rückweg.«

Hier zeigen sich die kraftvollen und lebendigen Seiten der Beziehung zwischen Elvira und ihrer Mutter. Elvira erzählt begeistert, dass sie viel mit ihrer Mutter geschwommen ist und die beiden sich bis heute am Tanzen erfreuen. Auch über Literatur und Poesie findet ein lebendiger Austausch zwischen Charlotte, ihrer Tochter und ihren Enkelsöhnen statt. Elvira freut sich über den anregenden Dialog. Inzwischen kann sie ihre eigenen Wahrnehmungen und ihren Lebensraum der Mutter gegenüber besser schützen und sich ihr weiter öffnen: »Ich kann mehr von meiner Mutter annehmen und unsere Beziehung wird immer besser!« Für beide Frauen war es schwierig, sich *durch die Schicksalsbrocken* freizuschwimmen. Beider Geburt war lebensbedrohlich, trotz vieler Hindernisse fanden beide ihren Weg.

Ich konfrontiere Elvira damit, dass sie sich vermutlich auch aus ihrer schwierigen Ehe *freischwimmen* will. Dabei stößt sie auf viele

Hindernisse. Der Weg zurück in die Liebesbeziehung zu ihrem Mann ist versperrt.

In dieser Zeit distanziert sie sich innerlich mehr von ihrem Mann, äußert klarer, welche seiner Verhaltensweisen für sie unvereinbar mit einem respektvollen Zusammenleben sind, und bespricht mit ihm ihre Trennungswünsche. Nun wachsen in ihr die innere Vorstellung und der Wunsch nach einer einfühlsamen Mann-Frau-Beziehung. Sie träumt:

»In meiner Dachwohnung ist meine Tante – sie ist taub –, die Schwester meiner Mutter, nach ihrem Unfall unterwegs. Ich habe für sie einen Tanztherapeuten organisiert. Mit tiefen Klängen, Vibrationen und taktilem Führen nimmt er mit ihr Kontakt auf. Er ist sehr achtsam und konzentriert.«

Elvira erzählt, dass sie selbst zurzeit Krankengymnastik bekomme und großen Spaß in ihren Tanzkursen habe. Ihren Tanzpartner schildert sie ähnlich wie den Tanztherapeuten im Traum als sehr achtsam und klar strukturiert. Elvira fügt hinzu, dass sie selbst Männern gegenüber offener ist. Sie wünscht sich eine einfühlsame, liebevolle, sinnliche Beziehung.

Elvira hat in der Therapie einen tieferen Zugang zur Welt der Klänge und des Fühlens gefunden. Dies drückt auch ihr Traum von einer dicken, vitalen Farbigen aus, die genau ihren eigenen Tanz tanzt und nicht bereit ist, einen anderen zu tanzen. Elvira lebt nun mehr aus ihrer Weiblichkeit. Sie findet zu ihrer archaischen Kraft. In dem folgenden Traum kündigt sich Elviras fortschreitende Integration an:

»Wir sind in einem Gebäude, in welchem wir über Träume und Lebensereignisse sprechen. Ich erkenne, dass alles in einem großen Zusammenhang steht und dass mir der Blick für das Ganze möglich ist. Ich habe einen großen Hund dabei. Wir kämpfen um die Wahrheit. Sie nehmen mich wahr, kümmern sich um das Ganze und schaffen dabei eine wohlwollende Integration. Der Hund ist wie ein Krafttier, ein Beschützer und Wegbegleiter.«

Dieser Traum spiegelt Elviras Erleben unserer therapeutischen Beziehung: Im geschützten therapeutischen Raum haben wir beide viele Zusammenhänge zwischen Elviras Träumen und wichtigen

Lebensereignissen erkundet. Der Hund, das Krafttier, beschützt uns. Er symbolisiert die Verbindung zu den Instinkten. Die männliche Energie und Vitalität haben Platz. Elviras Therapie hat ihr wichtige Entwicklungen ermöglicht. Nun darf sie ihre Wahrheit erleben und aussprechen. Der Blick auf das Ganze ist möglich.

In dieser Zeit leide ich an einer Stimmbandentzündung. In Elvira löst dies anfangs große Ängste aus: Sie konnte die Mutter, wenn diese eine Krise hatte, häufig nicht erreichen, hatte Angst, die Mutter mit ihren Beziehungswünschen zu überfordern, und entwickelte deshalb Schuldgefühle. Die beiden konnten sich dann kaum mehr miteinander verständigen. Die Erfahrung, dass ich trotz meiner Krankheit meine Fähigkeiten als Therapeutin bewahren, für mich und für Elvira sorgen kann, ist für ihre weitere Entwicklung äußerst bedeutsam.

In einem inneren Bild sieht sie, wie sie mir ein Buch überreicht und ihre Lebensgeschichte gleichsam bei mir ablädt. Dann geht sie und springt von einer Mauer auf eine Blumenwiese. Diese Szene gestaltet Elvira (Bild 6).

Sie malt nun zum ersten Mal während der Therapie zwei gleichwertige Menschen, zwei Frauen. Sich selbst stellt sie weiblich in einem farbigen Kleid mit langem, wehendem Haar und einem bunten Schal dar. Ihr Gesicht, das nun zum ersten Mal detailliert zu erkennen ist, und ihre bewegte Gestalt erinnern an die vor dreißig Jahren skizzierte Tänzerin. Elvira hat ihr Lebensbuch bei mir deponiert, das ich – selbst gut gestützt – halten kann. So sind ihre Hände frei. Auch wenn Nebelschwaden ihren weiteren Lebensweg durchziehen, springt sie nun auf einen festen, erdigen Boden, auf dem viele Blumen wachsen. Sie erkennt, dass jeder seinen Weg zu gehen und seine Aufgaben zu erfüllen hat. Durch das Malen und das Besprechen in der Therapie hat Elvira nun das Gefühl, dass sich das »Gehen-Müssen« zu einem »Gehen-Können« und »Gehen-Dürfen« verwandelt hat. Das thematisiert auch ein weiterer Traum, den ich zusammenfasse:

»Eine Gruppe von Menschen befindet sich in einer Flusslandschaft. Jeder hat seine eigene Aufgabe zu erledigen, hält seine Pläne und Landkarten in der Hand und ist auf Schatzsuche. Mein Mann

Bild 6 »Der Sprung ins Leben«

und unsere Söhne haben ihre eigenen Aufgaben am Ufer eines Sees zu erfüllen. Die jeweiligen Aufgaben der verschiedenen Leute entsprechen deren individuellen Möglichkeiten. Alle sind aus der Tiefe der Seele dabei.«

Elvira ergänzt: »Ich bin in Frieden mit dem, was früher war, und genieße die weite Schönheit der Landschaft.« Dieser Traum illustriert das Ergebnis unserer intensiven Arbeit. Elvira befindet sich an einem Fluss, ihr Mann und ihre Söhne an einem See, also in verschiedenen Lebensräumen. Jeder hat seine eigene Aufgabe selbst zu erfüllen. Elviras Mann und Söhne übernehmen auch real mehr ihre eigenen täglichen Pflichten. Hierdurch gewinnt sie die Kraft und Zeit, einige ihrer persönlichen Vorhaben anzugehen. Dies thematisiert auch folgender Traum:

»Ich bin mit meiner Cousine Ulla im Keller. Ein Überlaufrohr ist verstopft. Der Boden ist überschwemmt. Meine Cousine und ich arbeiten tatkräftig zusammen und machen das Rohr frei. Es kommt zuerst graues, schmutziges Wasser. Nach der Reinigung fließt ganz klares Wasser aus dem Rohr, wie aus einer Quelle.«

Elvira erläutert: »Ich sortiere meine Wahrnehmungen. Dadurch werden die Beziehungen zu meinen Familienangehörigen klarer. Auch die Gespräche mit meinem Mann und die Tatsache, dass er nicht mehr trinkt, wozu wohl auch mein wiederholtes Markieren von klaren Grenzen beigetragen hat, machen vieles deutlicher.«

Ich weise darauf hin, dass sie in diesem Traum das erste Mal eine konstruktive, gemeinschaftliche Tätigkeit und Bezogenheit in einer Zweierbeziehung mit einem Familienmitglied verbildlicht. Elvira erzählt daraufhin, dass sie mit dieser Cousine mütterlicherseits in letzter Zeit in gutem Einvernehmen einen Entwurf für das Erbe des Hauses ihrer Tante erarbeiten konnte. Mit ihr, die auch in psychoanalytischer Therapie war, kann sie auch über viele Themen anregend sprechen.

In diesem Traum symbolisiert Elvira auch unsere psychotherapeutische Arbeit: Tatkräftig versuchen wir innere Blockaden dadurch zu lösen, dass wir sie vom »Familienschlamm« reinigen. So gelangt sie wieder zum frischen Quellwasser. Die Träume vom Meer, von Flüssen und Quellwasser deuten auch auf die Entwicklung der familiären Beziehungen hin.

Auf dem Bild zu dem Traum (Bild 7) stellt Elvira Ulla und sich im Keller kniend beim Reinigen der Wasserrohre dar. Die Figuren sind bunt gekleidet und beherrschen die Bildfläche. Beide sind gut

Bild 7 »Reinigung der Wasserrohre im Keller«

geerdet, haben Boden unter den Füßen, sind handlungsfähig und wenden sich einander in einer dialogischen Beziehung zu.

Was hat sich durch die Therapie verändert?
Schicksalhafte familiäre Verbindungen und die seelischen Krisen der Mutter haben in Elvira Wunden hinterlassen. Das Durcharbeiten dieser Belastungen ist für sie und mich sehr anstrengend. Elvira erinnert sich: »Es hat mich enorm viel Mut gekostet, trotz der Angst, rausgeschmissen zu werden, Missverständnisse auszusprechen und zu klären.« Elvira befürchtet, dass ich – wie sie es bei den Eltern erlebte – die Beziehung abbrechen könnte, wenn sie Erwartungen nicht erfüllt. Im Laufe der Therapie, in der wir die inneren brüchigen, verworrenen Bindungsmuster bearbeiten, erlebt mich Elvira zunehmend als verlässliches Gegenüber, mit dessen Hilfe sie auftretende Konflikte lösen kann. Dass ich selbst für mich sorgen kann und sie nicht als Projektionsfläche missbrauche, erkennt Elvira als Meilenstein für ihre Entwicklung. Meinungsverschiedenheiten und Konflikte können wir ansprechen und klären. Das ist für Elvira sehr hilfreich. Ihr wird deutlich, dass verschiedene Personen unterschiedliche Meinungen haben dürfen und sich die Beziehungen trotzdem weiterentwickeln.

Sie erkennt, dass in ihrer Familie über das Schicksal der Großtante Anna nicht offen gesprochen werden durfte. Es gibt hierüber zwei Versionen. Die erste lautet, dass Anna aufgrund einer schweren psychischen Erkrankung Opfer der »Euthanasie« wurde, die zweite, dass ein Gefängnisdirektor, von dem Anna eine uneheliche Tochter hatte, deren Einweisung in die Psychiatrie veranlasste.

Möglicherweise haben in der Familie tradierte Scham und Ängste es lange verhindert, die psychischen Krisen von Charlotte in ihrem vollen Ausmaß zu erfassen. Deshalb fällt es Elvira schwer, die Auswirkungen der Krankheit ihres Mannes auf die familiären Beziehungen in ihrer ganzen Tragweite und Konsequenz wahrzunehmen. Auf tiefer Ebene hat sie in der Therapie grundlegend daran gearbeitet, dies nicht zu verharmlosen.

Das Tabu, das verlangt, die Bedeutung von Krisen nicht zu benennen, vernebelt auch mich zeitweise beim Schreiben dieses Berichts. Zugleich setzt dessen gemeinsame Bearbeitung einen weiteren fruchtbaren Prozess in Gang. Elvira bedankt sich für die Chance, einen Strang ihrer Geschichte durch die Lektüre des Manuskripts im Ganzen zu bearbeiten.

In der dreijährigen Behandlung erlebt Elvira viele Entwicklungs- und Heilungsprozesse: Die Beziehungen zu ihrer Mutter und zu ihren Söhnen, die sich nun besser verstehen, schildert sie als phasenweise herzlicher, anregender und entspannter. So kann sie ihren jüngeren Sohn in seinem aktuellen Orientierungsprozess begleiten. Elviras Erwartungen sind realistischer, sie ist stabiler und kann ihre Gefühle differenzierter wahrnehmen. Sie wirkt offener, äußert aber auch deutlicher Ärger und Wut. »Ich bin seelisch nicht mehr so vernebelt, erlebe mich nicht mehr als bedrohlich, sondern sehe jetzt deutlich meine positiven Aspekte.« Elvira leidet nicht mehr unter den großen Ängsten, die sie in die Therapie geführt haben, und ihr Selbstwertgefühl ist gewachsen. Heute kann sie sich realitätsnäher mit der Beziehung zu ihrem Mann, der sich nun selbst schon seit längerer Zeit in psychotherapeutischer Behandlung befindet, auseinandersetzen. Auch ihr Mann hat sich inzwischen weiterentwickelt. Er übernimmt nun mehr Verantwortung für sich und die Familie. Seit einigen Wochen trinkt er keinen Alkohol, er besucht wesentlich seltener Kneipen und kämpft um die Ehe und seine Familie. Er kann seine Frau deutlicher wahrnehmen und nimmt sie ernster. Elvira kann ihm ihre Wünsche klarer mitteilen. Sie hat gelernt, sich besser von ihm abzugrenzen.

Sie beschreibt ihre Ziele: »Mut auszusprechen, was ich wahrnehme, handelnd meine Zeichen zu setzen und dabei mit dem Zentrum meiner Seele in Verbindung zu bleiben.«

Elvira: Der Weg entsteht beim Gehen[1]

Ich hatte Vorerfahrungen aus eigenen Therapiebruchstücken, Familienaufstellungen, Selbsterfahrungsgruppen und von begleiten-

[1] Zeile eines Gedichts von Antonio Machado (1875–1939), Ausschnitt aus den »Cantares« (1912).

den Gesprächen mit den Psychotherapeuten und -therapeutinnen meiner Söhne und den Psychiatern und Psychiaterinnen meines Mannes mitgebracht. Außerdem habe ich langjährige Erfahrungen in Selbsthilfegruppen für Angehörige von psychisch Kranken und Alkoholikern, aber noch nie eine intensive längerfristige Therapie gemacht, bei der es schwerpunktmäßig um mich ging.

Im Laufe der Jahrzehnte hatte ich immer wieder mal (manchmal in Serien, manchmal mit langen Abständen dazwischen) Bilder meines inneren Zustandes gemalt, zum Teil nach Träumen, zum Teil nach inneren Bildern, und mich mit einigen guten Freundinnen darüber ausgetauscht.

Ausgangspunkte für meinen Entschluss für eine Psychoanalyse waren Erschöpfung, Verwirrung, Unsicherheit über meinen weiteren Lebensweg. Dazu trug auch die allmähliche Einsicht bei, dass die gemeinsame Bearbeitung (eventuell mit therapeutischer Hilfe) der Beziehung zu meinem Mann aufgrund dessen psychischer Erkrankung wohl nicht mehr möglich sein würde und sich somit auch keine Basis mehr für ein enges eheliches Zusammenleben in einem Haushalt finden ließe. Trotzdem bestand die Hoffnung auf – zumindest teilweise – Klärung (auch für das Wohlbefinden unserer Söhne) in Richtung eines Arrangements, das den Möglichkeiten und Grenzen unserer Beziehung gerecht würde.

In der Therapie erfuhr ich, dass alle Talente, bisherigen Erfahrungen und kreativen Impulse von mir gewürdigt und einbezogen wurden, was mich als Person sehr bestärkt hat. Als besondere Wertschätzung empfand ich es, dass meine gemalten Bilder – quasi als nonverbale Brücke zur verbalen Verständigung – so eine wichtige Rolle im therapeutischen Prozess spielten. Ich habe relativ schnell gelernt, meine eigenen Träume und Traumserien in meinem Lebenszusammenhang zu deuten. Oft erlebte ich einen fruchtbaren Austausch mit meiner Therapeutin darüber und ergänzende Sichtweisen, auf die ich alleine nicht gekommen wäre. Besonders vielfältig und intensiv war dieser Spiegelungsprozess, wenn ich einen Traum gemalt hatte oder wenn er zusätzlich in der Traumgruppe, an der ich parallel zur Einzeltherapie ein Mal pro Monat teilnahm, besprochen wurde. Manchmal machten mich meine Therapeutin oder auch Gruppenmitglieder auf bedrohliche Aspekte in meinen Träumen oder meiner Lebenskonstellation aufmerksam, die ich so kaum oder auch gar nicht spüren kann (zum Beispiel beim »Tigertraum«). Ich lasse diese Warnungen, wie auch Ermutigungen, inzwischen auf mich wirken und kümmere mich darum.

Ich spüre jetzt deutlicher und kontinuierlicher einen verheißungsvollen Weg, auf dem ich alle meine Farben und Wünsche mitnehmen darf, um mich selbst zu entfalten, und auf dem ich auch zum Wohle meiner Mitmenschen wirken kann. Ich habe immer weniger das Gefühl, anderen zu schaden, wenn ich mich mit Schwung vorwärts bewege.

Besonders geholfen hat mir dabei die Bearbeitung des »Nonnentraums« mit dem Ergebnis, dass ich lernen kann, meine inneren Schätze in persönlichen Beziehungen bei passender Gelegenheit herzuzeigen, ohne dadurch zerstört zu werden, ja, dass dieser Mut zur Öffnung eine Beziehung sogar bereichern kann.

Außerdem hat die intensive Bearbeitung des Schicksals meiner Großtante Anna, die im Dritten Reich in der Psychiatrie umgebracht worden war, für mich den Weg in mein eigenes Leben freier gemacht. Ich habe jedenfalls nicht mehr das Gefühl, dass ich ihr dadurch Respekt erweise, dass ich meine Perspektiven opfere, sondern dass es ihrem Vermächtnis eher dienlich ist, wenn ich ihr Andenken ehre und aus meinem Leben etwas mache. So gesellt sie sich in meinem Erleben zu meinen weiblichen Ahnen, die meinen Weg segnen.

Das Verhältnis zu meiner Mutter entspannte sich durch den Rückhalt in der Therapie. Es entwickelt und klärt sich weiter, verbunden mit vielfältiger gegenseitiger Unterstützung und Anregung auch für meine Söhne, die das ebenfalls sehr zu schätzen wissen. In Anbetracht des hohen Alters meiner Mutter (89 Jahre) bin ich dafür besonders dankbar und habe das Gefühl, dass das eine kostbare Ausnahme ist.

Mit meinen Söhnen befinde ich mich in liebevollem anteilnehmenden Kontakt und es gelingt mir immer besser, den passenden

Abstand zu ihnen zu finden und einzuhalten, damit sie ihren Weg in die Selbstständigkeit gehen können.

Am meisten gebremst und belastet fühlte ich mich immer wieder durch das ungeklärte Verhältnis zu meinem Mann und die chaotischen Turbulenzen im Familienleben, die sich durch sein wechselvolles Verhalten ergaben. Hier deuten sich in jüngster Zeit neue Möglichkeiten für eine gemeinsame Abstimmung des weiteren Lebensweges an, mit denen ich schon nicht mehr gerechnet hatte. Inzwischen hat mein Mann krankheitsbedingt seinen Beruf vorzeitig aufgegeben und sich in dem dadurch entstandenen Freiraum ernsthafter auf die Suche nach einer kontinuierlichen psychiatrischen und psychotherapeutischen Unterstützung begeben und diese schließlich gefunden. Durch besser abgestimmte Psychopharmaka, Einzelpsychotherapie und Teilnahme an einer Selbsthilfegruppe für Alkoholiker beginnt er sich zu stabilisieren. Er hat aufgehört, Alkohol zu trinken, und bemüht sich tatkräftiger, Verantwortung für sich und familiäre Belange zu übernehmen. Nun erwägen wir eine Mediation für uns als Paar durch eine neutrale Person. Zu dieser Entwicklung hat wohl auch beigetragen, dass ich – gestärkt durch die Therapie – meine eigene Befindlichkeit, Wünsche und Grenzen klarer zum Ausdruck bringen kann. Das heißt, ich empfinde eine durchgehendere Berechtigung, meinen eigenen Lebensraum zu wählen und zu gestalten. Dies drückt sich auch darin aus, dass ich begonnen habe, die rechtlichen Verhältnisse in Bezug auf das alte Reihenhaus, in dem wir bei meiner 92-jährigen Tante, die ich betreue, in Miete leben, zu klären. Dies zeigt sich zum Beispiel im Traum von der Rohrreinigung im Keller mit meiner Cousine.

Zurzeit befindet sich also die gesamte Familie in einem Neuordnungsprozess. Es kann gut sein, dass das dazu beigetragen hat, dass ich inzwischen klarer für meine persönlichen Anliegen eintreten kann. Trotzdem empfinde ich es als Gnade und bin dankbar dafür, dass auch die übrigen Familienmitglieder sich auf den Weg gemacht haben und ernsthafter bei sich aufräumen.

Eine tiefgreifende Erfahrung war die Abstimmung des schriftlichen Berichts über die Therapieausschnitte mit meiner Therapeutin. Wie schon der Beginn der therapeutischen Beziehung war besonders die Verständigung über den Anfang des Manuskripts eine »schwere Geburt«. Dies vor allem, weil für mich – ohne die Basis einer selbstverständlichen frühen nonverbalen Beziehung zur Mutter – die sprachliche Übereinkunft einen besonders hohen Stellenwert besitzt. Ich fühlte mich teilweise verstanden, teilweise verkannt und verfremdet und schwankte zwischen Dankbarkeit für die Chance einer erneuten zusammenhängenden Bearbeitung mancher Schicksalsstränge und der Verzweiflung darüber, dass möglicherweise wieder mal ein Buch und der favorisierte Inhalt der Autorin wichtiger sein könnten als mein Erleben. So habe ich es bei meiner Mutter so manches Mal erlebt. Dazu kam die große Angst, dass das Aufdecken verschiedener Ansichten über manche Deutungen und Zusammenhänge zu einem Bruch in der therapeutischen Beziehung führen könnte, denn unterschiedliche Meinungen zu persönlich und weltanschaulich wichtigen Themen waren in meinem Elternhaus tabu und in meinem Erleben mit der Gefahr des Beziehungsabbruchs und Rausschmisses verknüpft. Schließlich ist es uns in einer Serie von Gesprächen gelungen, uns über den Inhalt dieses Berichtes abzustimmen. Ich lernte es auszuhalten, dass ein mir sehr nahestehender und wichtiger Mensch wie meine Therapeutin bei manchen mir wesentlichen Themen anderer Ansicht ist. Ich verlor dabei nicht ihren therapeutischen Rückhalt, sondern wir standen weiterhin in einem fruchtbaren Austausch. Das ist für mich vielleicht der wichtigste Gewinn dieser Arbeit.

Aufgrund dieser positiven Erfahrung kann ich andere persönliche Beziehungen besser gestalten und mich mit dem inneren Bild, dass eine weitere Person meinen Weg ins Leben segnet, von meiner Therapeutin gut verabschieden.

Elvira A.

Der Göttertraum

Magdalenas Therapie ist durch viele eindrucksvolle Träume geprägt. Magdalena befasst sich auch zwischen den Stunden intensiv mit ihren Träumen und inneren Bildern. Aus diesem vielschichtigen Entwicklungsprozess beschreibe ich die hinsichtlich ihrer Familiengeschichte bedeutsamsten Träume, Ereignisse und Erkenntnisse.

Magdalenas Lebensgeschichte

Magdalena ist eine attraktive, dunkelhaarige Spanierin. Sie ist vierzig Jahre alt. Ihre aparte Kleidung unterstreicht ihre zierliche Figur, so dass ihre Erscheinung interessant und gewinnend wirkt.

Sie sucht mich auf, weil sie dringend therapeutische Hilfe braucht. Magdalena klagt: »Ich habe so große Konflikte mit meiner Mutter. Schon als ich ein kleines Kind war, ging meine Mutter extrem entwertend mit mir um. Sie schlug mich viel, mit dem Gürtel, mit dem Kochlöffel und mit allem, was ihr in die Hände gekommen ist. Alle Wut meiner Mutter richtete sich auf mich. Wenn es Streit zwischen uns gab, bezeichnete sie mich als Ungeheuer und Bestie. Häufig hielt sie mir vor, dass ich sie in den Tod treibe, drohte mir mit Selbstmord und damit, sich meinetwegen aufzuhängen. Sie war so brutal, dass sie oft zu mir sagte: ›Du bist das Wasser, das du trinkst, nicht wert. Dich wird nie jemand lieben.‹« Während Magdalena gefühlsmäßig unbeteiligt berichtet, wie vernichtend ihre Mutter sie körperlich und seelisch misshandelte, wirkt sie angespannt. Ich bin entsetzt über die Brutalität, der sie jahrelang ausgesetzt war. Wie konnte Magdalena diese seelischen Grausamkeiten und ungeheuren Vorwürfe psychisch überleben?

Während ich über diese Fragen nachdenke, berichtet Magdalena von einem schrecklichen Unfall: »Ich war vier oder fünf Jahre alt und spielte mit Rosario, meiner zweijährigen Schwester. Sie wollte auf die Straße laufen und ich öffnete ihr deshalb die Tür nach draußen. Meine Schwester ging dann hinaus. Wenige Stunden später erfuhren wir, dass sie überfahren worden ist. Rosario und die Umstände ihres Todes wurden anschließend wie ein Tabuthema behandelt. Nicht einmal auf ihre Beerdigung oder später zu ihrem Grab durfte ich gehen, obwohl der Friedhof in der Nähe meines Elternhauses liegt. Ich habe das Gefühl, dass meine Mutter seit dem Tod meiner Schwester ihre Wut und ihren Hass auf mich abgeladen hat, weil sie mir die Schuld am Tod meiner Schwester gibt.«

Ich bin erschüttert. Welche Tragik erlebte Magdalena bereits als kleines Mädchen! Welche Schuldzuweisungen musste sie ertragen!

Magdalena fährt fort zu erzählen: »Meine ältere Schwester Martha und meine jüngere Schwester Ana sind bis heute von meiner Mutter sehr abhängig. Meine jüngste Schwester trägt den Namen der verstorbenen Rosario. Meine Mutter sagt immer: ›Sie ist der Ersatz für die tote Schwester.‹ Rosario leidet sehr darunter, hat bis heute Depressionen und Minderwertigkeitsgefühle und befindet sich in therapeutischer Behandlung.« Auch von ihrem Vater, einem Lastwagenfahrer, wurde Magdalena viel geschlagen. Anerkannt wurde sie dagegen von ihrer Großmutter und später in der Schule. Sie war immer Klassenbeste, besuchte das Gymnasium und legte mit 18 Jahren ihr Abitur erfolgreich ab. Danach verließ sie sofort das Elternhaus. Sie wurde mit einem Begabten-Stipendium gefördert und war bisher die Einzige aus ihrer Familie, die studierte. Als 24-Jährige lernte Magdalena Oskar, einen Deutschen, kennen und zog mit ihm in seine Heimat. Aus der Ehe mit ihm gingen wenige Jahre später zwei Töchter, Maria und Carlotta, hervor. Sie sind inzwischen elf und acht Jahre alt. Nach einigen Jahren zerbrach die Ehe. Als ich Magdalena nach den Ursachen für das Scheitern der Beziehung frage, berichtet sie, dass sie mit ihrem Mann nie reden konnte, weil er nur für seine Karriere gelebt habe. Seiner beruflichen Laufbahn zuliebe musste sie mehrmals umziehen. »Ich konnte nirgends heimisch werden und fühlte mich einsam.« Dann heiratete sie Andreas. »Dieser Mann ist meine große Liebe, charismatisch und überall sehr beliebt.« Ihre Ehe schildert sie als glücklich und freut sich, dass sie und ihr Mann sich ihre Liebe bis heute bewahren konnten.

Über ihre seelischen Nöte klagt Magdalena: »Ich habe viele Ängste, die mich völlig im Griff haben; Angst vor sozialen Kontakten, Angst, nichts wert zu sein. Häufig kann ich deshalb nicht aus dem Haus gehen, ziehe mich völlig zurück und erlebe die ganze Welt als meinen Feind. Phasenweise leide ich unter tiefen Depressionen und habe kein Selbstvertrauen. Ich fühle mich dann, als hätte ich einen Stein auf der Seele. Zudem empfinde ich zeitweise einen totalen Selbsthass. Ich kann dann zum Beispiel nicht glauben, dass mich mein Mann liebt, und erlebe es als völlig gleichgültig, ob ich existiere oder nicht. Manchmal macht mich auch mein Gewissen völlig fertig. Ich möchte eine Therapie machen und freier von meinen inneren Dämonen, innerlich ruhiger und meinen Kindern gegenüber weniger cholerisch sein. Denn bei Maria, meiner ältesten Tochter, habe ich extreme Wutanfälle. Maria ist äußerlich und innerlich mein Abbild und auch sehr schwierig. Zwischen uns gibt es viele Probleme.« Magdalena befürchtet, die Liebe zu ihren Kindern und ihrem Mann zu zerstören. Auch ihre Freundschaften scheitern an ihrer fehlenden Toleranz, ihrem mangelnden Verständnis und ihrer Panik.

Unlösbare Aufgaben

Wenige Wochen nach Therapiebeginn erzählt Magdalena einen bedeutsamen Traum. Er wird uns lange beschäftigen und sich in seinem schier unerschöpflichen Reichtum an hilfreichen Bezügen zu Magdalenas Lebensgeschichte als wegweisend erweisen. Sie berichtet, sie träume diesen »Göttertraum« seit zwanzig Jahren immer wieder. Er begleite sie und sie könne ihn nicht verstehen:

»Alles fängt damit an, dass ich die Götter um etwas bitte. Worum, weiß ich nicht. Ich finde mich im Universum wieder, nicht im Himmel, auch nicht im Paradies. Alles um mich herum ist dunkel, das Nichts. Die Götter sind jugendliche, fröhliche Männer und Frauen, die sich amüsieren. Spielerisch fangen sie an, mir Aufgaben zu stellen. Erst wenn ich die jeweilige Aufgabe gelöst habe, kann ich den Raum, in dem ich mich befinde, verlassen und darf in den nächsten gehen. So bewege ich mich durch mehrere Räume, denn jede Aufgabe muss in einem anderen Raum bewältigt werden. Aber eigentlich kann man nicht sagen, dass ich mich bewege. Vielmehr schüttelt mich eine Art Wirbel und schleift mich durch die Unendlichkeit bis zum nächsten Raum. Die Götter lachen und amüsieren sich über meine Qual. Eine der äußerst schwierigen Aufgaben, die sie mir stellen, besteht darin, philosophische Fragen zu lösen. Allerdings keine zu bestimmten Philosophen, deren Gedanken oder Werken, sondern grundlegende, jahrhundertealte Fragen: Was ist der Unterschied zwischen gut und böse? Wo liegt die Grenze? Was bedeuten Götter, was

bedeutet Gott? Das Gefühl, diese unlösbaren Fragen beantworten zu müssen, schmerzt mich. Ich muss richtig antworten, sonst kann ich nicht weitergehen. Der Preis dafür, dass ich diese unlösbaren Aufgaben nicht lösen kann, ist meine Auflösung, meine Zerstörung. Als letzte und qualvollste Probe wollen die Götter mich enthäuten. Ich bin an Füßen und Händen gefesselt, sie strecken mich, dabei trinken und amüsieren sie sich. Mein Leiden ist so schmerzhaft, dass ich flehe, alles zu beenden. Ich sehe die Niederlage ein, ohne Ausweg, ohne Rettung. Die Götter wollen ihr Spielzeug nicht verlieren. Sie wollen herausfinden, wie weit sie gehen können.«

Magdalena erläutert ihre Gedanken zu diesem Traum: »Ich litt unter meinen Aufgaben, weil sich diese zu einem Albtraum entwickelt hatten. Heute weiß ich, dass die verschiedenen Räume, zu denen ich im Traum Zugang bekommen musste, verschiedenen Ebenen meiner Persönlichkeitsentwicklung entsprachen und dass es sich bei den Aufgaben um Reifeprüfungen handelte. Denn jedes Mal, wenn ich eine sehr schwierige Etappe in meinem Leben überwunden hatte, erschien mir bruchstückweise der Göttertraum. Oder besser gesagt: Ich hatte das Gefühl, eine göttliche Probe bestanden zu haben. Ich wandte mich all diese Jahre zum Himmel, freute mich und fragte innerlich mit herausfordernder Haltung, ob man nicht etwas Besseres für mich hätte.«

In den folgenden Stunden beschäftigen wir uns mit Aspekten von Magdalenas Göttertraum. Ich weise darauf hin, dass sie ihn zum ersten Mal träumte, als sie ihr Stipendium bekam und 18-jährig von zu Hause auszog, um in Madrid zu studieren. Ich frage Magdalena, welche schweren Aufgaben sie damals bewältigen musste. Sie erzählt, dass durch den Umzug mehrere Freundschaften zerbrachen. Außerdem lebte sie damals mehrere Monate mit einem psychisch kranken Mann zusammen, der sie häufig bedrohte. Sie musste tatsächlich vertraute Räume – ihre Heimat – verlassen, konnte an nichts festhalten und hatte viele Konflikte. Ähnliche Erfahrungen prägten auch ihren weiteren Lebensweg: Sie wurde heimatlos durch den Umzug nach Deutschland, dem eine Vielzahl weiterer Umzüge folgte. Auch durch ihre Scheidung sah sie sich aus vertrauten Lebensverhältnissen herausgerissen.

Ich mache Magdalena darauf aufmerksam, dass sich in den Göttern auch Wesenszüge ihrer Eltern spiegeln könnten. Diese waren extrem streng zu ihr. Magdalenas Mutter bürdete ihr eine untragbare Verantwortung auf: Sie machte die damals Vierjährige für den Unfalltod ihrer zweijährigen Schwester verantwortlich. Wir sprechen in den folgenden Monaten über viele andere seelische Verletzungen, die ihr ihre Mutter zufügte: »Sogar bei meiner ersten heiligen Kommunion und bei meiner Hochzeit wurde ich extrem entwertet, beschimpft und nicht geachtet. Es wurde mir vorgeworfen, dass ich Schande über die Familie gebracht habe.« Magdalena klagt wiederholt, dass ihre Mutter sie für absolut böse halte. Deren Schuldzuweisungen, die vielen Schläge, Demütigungen, Suiziddrohungen waren kaum zu ertragen. Diese Last erdrückte Magdalena. Erbarmungslos und sadistisch wurde sie gequält und musste sich schon als Kind – wie in ihrem Traum – mit unlösbaren und nicht zu bewältigenden Aufgaben ihrer Eltern auseinandersetzen. Sie projizierten ihre Schuld- und Schamgefühle, Wut, Neid und Ängste so auf Magdalena, dass deren Seele und Identität in Gefahr waren, zerstört zu werden. Das Traumbild der Häutung offenbart eindrücklich, wie Magdalenas Schutzhülle, versinnbildlicht in ihrer Haut, durch die Eltern verletzt wurde.

Als ich ihr meine Gedanken mitteile, erzählt Magdalena, dass ihre Mutter sie in ihrer Identität so verkannte, dass sie sie als Ungeheuer, als Bestie und als Verrückte erlebte. Sie steckte sie gleichsam in eine andere Haut. All diese grausamen Erfahrungen drangen in Magdalenas Innerstes. Ich betone, dass die Häutung das massive Eindringen der Mutter sowie deren Wunsch, die Tochter zu vereinnahmen, darstellt. Ich erläutere die wichtige Behälterfunktion der Haut, welche die Seele gleichsam zusammenhält.[2] Diesen inneren Behälter hat Magdalenas Mutter beschädigt.

Die Gedanken und Deutungen, die ich Magdalena zu diesem

[2] Diese Behälterfunktion der Haut beschreibt Anzieu (1991) in ihrem Buch »Das Haut-Ich« und weist unter anderem auf den Mythos von Marsyas hin, der bei lebendigem Leib enthäutet wird.

Traum mitteile, hört sie sich aufmerksam und interessiert an. Sie bestätigt das Gesagte. Ihr Gesicht und ihr Körper wirken dabei angespannt, ihre Gefühle blockiert, wie versteinert. Diese Beobachtung berührt mich. Mein Mitgefühl scheint Magdalena emotional kaum zu erreichen. Als ich ihr diesen Eindruck mitteile, erklärt sie, dass sie unter den körperlichen und seelischen Misshandlungen ihrer Mutter so gelitten habe, dass nun »Steine auf ihrer Seele liegen«.

Möglicherweise hatte Magdalenas Mutter ähnliche Erfahrungen, die sie veranlassten so mit der Tochter umzugehen. In ihrem Traum thematisiert Magdalena, so vermute ich, nicht nur ihre persönliche Leidensgeschichte, sondern auch die ihrer Mutter. Ich frage sie nach deren Lebensgeschichte und ob der Traum möglicherweise auch kaum bewältigbare Aufgaben, die ihr zugemutet wurden, abbilde. Magdalena erzählt daraufhin, dass auch ihre Mutter vertraute Räume verlassen musste, als sie aufgrund existenzieller Not mit ihrem Mann nach Mexiko auswanderte und bald darauf wieder zurück musste. Der tragische Tod ihrer zweijährigen Tochter und, wie sich im späteren Therapieverlauf herausstellte, ein kurz darauf folgender lebensbedrohlicher Verkehrsunfall ihres Mannes waren für die Mutter seelisch kaum zu verkraften. Diese Ereignisse brachten die Familie an den Rand des Ruins. Als ihr Vater so schwer verletzt wurde, war Magdalena sieben Jahre alt. Damals war die Mutter mit vier kleinen Kindern alleine und hatte kein Einkommen. Auch Magdalenas Großmutter hatte viel Leid zu ertragen. Sie wurde vermutlich von ihrem Mann mit einer gefährlichen Geschlechtskrankheit angesteckt. Die zentrale Frage, die Magdalenas Traum formuliert, betrifft also auch ihre Großfamilie: »Warum tun die Götter uns das an? Warum fügen sie uns so viel Leid zu?«

Die unlösbaren Aufgaben, die die Götter Magdalena in ihrem Traum stellen, erinnern mich an die Tantalosqualen[3] und an die

[3] Tantalos ist eine Gestalt der griechischen Mythologie und neben Sisyphos einer der bekanntesten Leidenden. Er wurde von den Göttern ver-

Schicksalsschläge, die Gott Hiob auferlegt hat. So wurzelt der »Göttertraum« auch in einem kollektiven Unbewussten und spiegelt Mythen.

Das moosbedeckte Steingrab

Das Wiedererinnern und monatelange Durcharbeiten von Magdalenas seelischen Verletzungen sowie meine Einfühlung lassen das Vertrauen in unsere therapeutische Beziehung wachsen. So erinnert Magdalena das Ende ihres Göttertraumes. Es war ihr nun beinahe zwanzig Jahre entfallen.

»Durch den Nebel sehe ich eine Göttin, in einen roten Umhang gehüllt, zu mir kommen. Sie hat Mitleid mit mir und bewundert gleichzeitig meinen Mut. Sie will und kann mir helfen und sagt, dass sie mich als Belohnung für meinen Mut befreie. Sie löst meine Ketten, bedeckt meinen verletzten, blutenden Körper mit einem blauen Umhang, so dass er wieder heilt. Danach fühle ich mich erleichtert. ›Ich möchte dir etwas zeigen‹, sagt die Göttin dann zu mir und fliegt mit mir durchs Universum. Sie hält an und zeigt mir ein sehr altes, mit Moos bedecktes Steingrab. Ich erschrecke, denn obwohl ich die Schrift nicht lesen kann, fühle ich, dass es mein Grab ist. Horror empfinde ich darüber, dass ich die ganze Zeit tot gewesen bin und mich nichts, wirklich nichts wieder lebendig machen kann. Für mich ist das die grausamste Entdeckung von allen. Obwohl ich nun alle Aufgaben selbst bewältigt habe, kann ich mein Ziel niemals erreichen. Ich bin tot. Andererseits will ich das nicht glauben. Ich lebe. Ich bin da und nicht im Grab. Diese Erkenntnis lässt mich einen Horrorschrei ausstoßen und ich fange an, mich im Äther des Universums aufzulösen.«

Magdalena fügt hinzu: »So endet der Traum. Sein Ende bereitet mir so große Angst, dass ich es bisher niemandem erzählt habe.«

dammt. In einem See stehend, wachsen über seinem Haupt köstliche Früchte. Seinen Hunger und Durst kann er aber niemals stillen, da das Wasser und die Früchte bei jedem Versuch, sie zu erreichen, zurückweichen (Meyers, 1981, S. 332).

Als ich sie nach den Wurzeln ihrer Angst frage, berichtet sie von ihrer Befürchtung, wirklich sterben zu müssen, wenn sie diesen Traumabschnitt preisgibt. Erst jetzt fasse sie den Mut, sich mit ihm zu befassen. Auf meine Frage hin, warum sie die Beschäftigung mit dem Grab so ängstige, meint sie, dass sie verärgert darüber sei, trotz all ihrer Mühen ihr Grab gezeigt zu bekommen. Nach einer längeren Pause äußere ich die Vermutung, dass das Grab möglicherweise ihre seelischen Versteinerungen symbolisiere. Ich erläutere, Teile ihrer Seele seien durch die körperlichen und seelischen Misshandlungen der Eltern versteinert. Ungläubig und starr schaut sie mich an, ist über diese Deutung verärgert und fühlt sich von mir unverstanden. Wütend verlässt sie die Stunde. In den nächsten Stunden spricht Magdalena wieder über dieses Grab-Bild. Ich konfrontiere sie mit einer weiteren mir wichtig erscheinenden Botschaft ihres Traums: Das Leben ist endlich. Der Mensch ist sterblich. Sie ärgert sich über die Begrenztheit des Lebens und den Tod, fühlt sich wieder von mir unverstanden und geht angespannt weg.

Nach dieser Therapiestunde denke ich wieder über Magdalenas Traumbild nach, vor allem über das Grab, und suche nach neuen Aspekten des Traumes. Wer ist vor langer Zeit gestorben? Über welches Grab ist Moos gewachsen? Mir fallen die Gräber von Rosario, Magdalenas Schwester, und ihrer Großmutter ein. Als Magdalena in der folgenden Stunde wieder das steinerne Grab thematisiert, äußere ich die Vermutung, dass das moosbewachsene Grab die Todesstätte von jemand sein könne, der lange tot ist, aber immer noch eine große Bedeutung für sie habe. Sie verneint das. Daraufhin frage ich Magdalena, ob es sich nicht um das Grab von Rosario, ihrer Schwester, handeln könne. Sichtlich erleichtert bestätigt Magdalena diesen Einfall: »Genau, es ist das Grab meiner Schwester.« Nach längerem Schweigen fährt sie fort: »Meine Schwester ist tot und ich bin am Leben. Das habe ich bisher noch nie so direkt gefühlt. Meine Schwester war so in mir, als ob sie nicht beerdigt wäre. Mir war wirklich nicht klar, dass sie gestorben ist.« Nach einer längeren Pause sagt Magdalena: »Meine Schwester wird bis heute totgeschwiegen, als ob sie nicht existiert hätte.

Merkwürdig. Mir wird heute das erste Mal bewusst, dass ich eine tote Schwester habe.« Ihr Horrorschrei im Traum erinnert Magdalena nun an den Schrei, den ihre Mutter ausstieß, als sie ihr totes Kind sah. Magdalena ist sehr traurig und weint. Gerührt bedankt sie sich für diese Stunde. »Die Erkenntnisse, die ich heute gewonnen habe, werden mir helfen, viele meiner Probleme zu lösen.«

In der nächsten Stunde erzählt sie: »Zum ersten Mal in ihrem Leben kann ich das Schweigen brechen, welches das Familientabu über Rosarios Tod verhängt hat. Ich habe viel über sie nachgedacht. Am liebsten würde ich ihr schreiben, dass wir leider nur kurze Zeit miteinander verbringen durften und ich heute besser auf sie aufpassen würde. Nach der letzten Therapiestunde hörte ich im Radio klassische Musik. Durch eine besondere Fügung wurde Kirchenmusik gespielt und anschließend der Rosenkranz gebetet. Das ist für mich ein Zeichen der Versöhnung mit meiner Schwester Rosario, deren Name ja Rosenkranz bedeutet, und ein Geschenk des Himmels.« Magdalena wünscht sich: »Ich möchte zukünftig meiner verstorbenen Schwester einen würdigen Platz in mir geben. Noch nie habe ich in meinem Leben so viel geweint wie in den letzten Wochen und kann nun erkennen, dass wir meine Schwester als Tote nicht ehren. Jahrzehnte nach ihrem Tod kann ich jetzt um sie trauern. Als Verstorbene hatte sie keinen Platz in unserer Familie. Erst Sie haben mir nun einen Zugang zu ihrem Grab ermöglicht.« Nach einer längeren Pause fügt sie hinzu: »Ihre Worte sind anfangs nicht so tief zu mir durchgedrungen, weil der Tod meiner Schwester meinen Körper, den Bauch, die Gefäße, meine Gefühle besetzte. Erst die gründliche Auseinandersetzung mit dem Traum in der Therapie hat meine Blockaden gelöst. Ich spüre nun auch, wie sehr mich meine Mutter verletzte und was dadurch in mir zerstört wurde. Durch diese Erfahrung beginne ich, Gefühle an mich heranzulassen. Ich spüre nun zum ersten Mal Liebe. Viele Jahre habe ich nur überlebt. Ja, meine Eltern waren wie diese Götter. Und dann ist diese schlimme Geschichte passiert. Von Ihnen wahrgenommen zu werden sowie Ihr Mitleid haben in mir wichtige Trauerprozesse angestoßen. Das

Weinen hat viel gelöst.« Magdalena bedankt sich, dass ich ihr einen Weg aus ihrem seelischen Martyrium aufgezeigt habe. Auch ich bin nach dieser Stunde tief bewegt.

Kurze Zeit später entschließt sich Magdalena, den Göttertraum auch ihrem Mann zu erzählen. Sie teilt ihm nun auch zum ersten Mal mit, wie einsam sie sich als Kind und junge Frau gefühlt habe. »Auch mein Mann war sehr berührt. Wir haben ganz tiefgehend miteinander gesprochen.«

In ihren Ferien fährt Magdalena nach Spanien. Diese Reise bezeichnet sie als »die Reise der Begegnungen«: »Ich habe auf mich und meine Gefühle gehört. Noch nie habe ich so viel mit meinen Verwandten gelacht. Mir ging es sehr gut. Mit Rosario, meiner jüngeren Schwester, besuchte ich das Grab meiner verstorbenen Schwester. Es war vormittags. Die Sonne schien darauf, alles war schön geschmückt. Da liegt nun meine Schwester. Zum ersten Mal war ich auch am Grab meiner Oma. Bisher hatte ich immer Angst vor dem Friedhof. Jetzt hatte ich das beruhigende Gefühl, Oma passt auf Rosario auf. Ich spürte einen inneren Frieden und einen eigenen Raum.« Erstmals spricht Magdalena auch mit einigen Verwandten über den Tod ihrer Schwester. Sie erfährt, dass Rosarios Unfall für die ganze Familie eine Katastrophe war, dass monatelang alle weinten, alle Kinder aus Angst in der Wohnung eingesperrt wurden und nicht mehr hinaus durften. Sie erfährt auch, dass sie sich nach dem Tod ihrer Schwester, als sie mit ihrer Mutter und ihrer Großmutter wieder spazieren gehen durfte, vor ein Lastauto warf, weil sie wie ihre Schwester in den Himmel wollte. Es sei ein Wunder, dass sie damals gerettet wurde und noch lebe.

Ich bin betroffen und erkläre ihr, dass sie als Kind vermutlich die Verzweiflung und die Wut ihrer Mutter verinnerlicht habe und bis heute gegen sich selbst richte. Magdalena nimmt sich vor, sich jetzt als Erwachsene besser zu schützen, sich von ihrem zerstörerischen Verhalten zu distanzieren und gesund zu werden. »Bisher hielt ich mich für wertlos, deshalb habe ich mich nie geschützt. Ich möchte nun das Rauchen und das Alkoholtrinken einschränken und endlich mit meinem selbstzerstörerischen Verhalten aufhören. Ich werde aufmerksamer und kann mich besser konzentrieren. Seit einigen Wochen spüre ich den Wunsch, mit all meinen Sinnen zu leben. Jetzt möchte ich vor allem das Verhältnis zu meiner Tochter Maria verbessern, nicht so viel mit ihr streiten. Das ist mir sehr wichtig. Ich habe bisher Maria nicht richtig erkannt, nur Böses in sie projiziert und sah alles, was sie machte, als Angriff gegen mich.« Wir arbeiten an diesen Projektionen. Um in ihr ein realitätsbezogeneres Bild von ihrer Tochter zu entfalten, frage ich Magdalena, wie sich Maria und deren Lebensgeschichte von ihr unterscheiden. Sie meint: »Maria hat eine Treibkraft, andere zu begeistern, ist phantasievoll und kann von ganzem Herzen tief und unschuldig lachen. Außerdem hat sie viele gute Freundinnen.« Detailliert frage ich auch nach Marias Entwicklung. Magdalena berichtet, dass sie auf die Mutterschaft nicht vorbereitet und eine lieblose Mutter war. Maria habe als Baby oft stundenlang geschrieen. Sie konnte sie nicht trösten und ließ ihre Tochter häufig alleine. Wieder weise ich auf den Göttertraum hin. Ich konfrontiere Magdalena damit, wie schwierig es für sie war, Mutter zu sein. Aus einer inneren Überforderung heraus mutete auch sie ihrer Tochter viel zu. Die grausame Göttin stellt auch einen eigenen Persönlichkeitszug dar. Ich wünsche ihr, dass die Göttin der Barmherzigkeit mehr Raum in ihr gewinne, und wir arbeiten heraus, wann und warum ihr diese innerlich verloren geht. Nach unseren therapeutischen Gesprächen gelingt es Magdalena besser, ihre Tochter und deren Leid wahrzunehmen und zu spüren. Sie erzählt erstmals ausführlicher von Marias innerer Einsamkeit und Todessehnsucht: »Oft läuft sie weg und sagt, dass sie sterben möchte.« Ich zeige Magdalena auf, dass ihre eigene Hoffnungslosigkeit so tief in Maria eingedrungen ist, dass diese wie sie selbst als Kind den Wunsch zu sterben empfindet. Voll Sorge empfehle ich ihr, mit ihrer Tochter eine Kindertherapeutin aufzusuchen. Maria willigt ein und begibt sich in Therapie.

Das erste Therapiejahr

Wenn ich den zurückliegenden Therapieabschnitt betrachte, freue ich mich über Magdalenas Entwicklung, vor allem darüber, dass wir ihre seelischen Versteinerungen bearbeiten konnten. Das Durcharbeiten ihrer eigenen schwierigen Mutterbeziehung und ihrer Verletzungen in unserer tragenden therapeutischen Beziehung bewirken, dass sie mich zusehends als gute Mutter verinnerlichen kann. Magdalena bedankt sich wiederholt: »Ihr Wunsch, dass ich mütterlich mit mir, meinem inneren Kind und meinen Töchtern umgehe, ist mir ganz wichtig und bedeutsam.« Sie ist nun in Identifikation mit der Kindertherapeutin und mir über ihr destruktives Verhalten gegenüber ihrer Tochter entsetzt.

Der familiäre Teufelskreis, durch den sich die Suizidgedanken von Magdalena in ihrer Tochter Maria wiederholen, kann so bearbeitet und unterbrochen werden. Magdalena bedankt sich hierfür: »Sie sind die Göttin, die Mitleid mit mir und meinem Leiden hatte. Sie haben mir geholfen, meine Ketten zu lösen und meine Wunden zu heilen.« Mit Hilfe der Therapie gelingt es Magdalena, die nun anstehenden Lebensaufgaben besser zu bewältigen: In der Tiefe ihrer Seele setzt sie sich mit ihrem Leid auseinander und trauert darüber.

Ich bin nicht schuldig

Magdalena hat nun eine Serie von Träumen, in denen sich der Tod der Schwester, die oben beschriebene Bearbeitung der Familienverstrickungen, die hieraus resultierenden Veränderungen und insbesondere ihre wachsende Kreativität spiegeln. Sie träumt:

»Ich sehe weiße Tauben. Sie leben in einem alten Amphitheater, das schon halb zerfallen ist. Meine ältere Schwester und meine Mutter sind bei mir. Ich gehe allein runter und sehe, dass das ein Kinderfriedhof ist, und schaue ihn mir genauer an. Dort sind Visitenkarten aus Glas und viele weiße Engelfiguren. In einer Vitrine vor einem Kindergrab liegt ein goldenes geöffnetes Buch, die Seiten sind mit Perlmutt verziert. Es ist ein richtiger Schatz mit wertvollen Bildern und einer kunstvollen Schrift mit einem Datum versehen.«

Nach einer längeren Pause fügt Magdalena hinzu: »In diesem Buch steht das Leben von Rosario. Ich weine immer noch sehr viel um sie, kann ihren Tod aber inzwischen akzeptieren. Auch bin ich beruhigt darüber, dass Engel die toten Kinder schützen.«

Ich füge hinzu, dass sich in den weißen Tauben ihr Wunsch verbildlicht, Frieden möge in die Familie einkehren und die alten familiären Strukturen – das alte Theater – mögen sich auflösen: Im Traum besucht Magdalena das Grab von Rosario. Der Tod der Schwester wird nicht verleugnet. Magdalenas Wunsch nach einer gemeinsamen Trauer und nach Versöhnung sowie nach Kontakt mit der Mutter, der in der Realität kaum zu erfüllen ist, wird spürbar.

Das goldene, geöffnete Buch erinnert an die Heilige Schrift. Mir fällt auch eine Stelle aus dem Talmud ein. Dort antwortet Rabbi Simlai auf die Frage: »Wem gleicht ein Kind im Leibe seiner Mutter?«, »Mit einem zusammengefaltet daliegenden Notizbuch« (Mayer, 1978, S. 501). Ich weise Magdalena auf dieses Gleichnis und die Symbolik des Buches hin: Das Leben ist vorbestimmt und gleichsam schon bei der Geburt niedergeschrieben. Ich versuche Magdalena von ihren Schuldgefühlen zu entlasten, indem ich ergänze, dass demnach auch jeder sein eigenes Schicksal habe und die eigene Sterbestunde festgelegt sei. Ich betone nochmals, dass sie für das Leben und den frühen Tod ihrer Schwester nicht verantwortlich ist, da sie damals selbst noch ein kleines Kind war. Im nächsten Traum zeigt sich, wie befreiend diese Gedanken für sie sind. Sie träumt:

»Sie wollen in einer Gruppe die Zusammenfassung einer Biographie vorlesen. Ich will wissen, um welches Buch es sich handelt, und schaue deshalb über ihre Schulter. Nun sehe ich, dass sie aus der Biographie der Elisabeth lesen. In ihrem Buch lese ich dann ganz deutlich die Worte ›Ich bin nicht schuldig‹ und weiß, dass diese Worte an mich gerichtet sind.«

Magdalena fügt hinzu, dass der Satz und die Erkenntnis, »Ich bin nicht schuldig«, ganz bedeutsam für sie sind. »Inzwischen hinterfrage ich dieses Konzept und sage mir innerlich die Sätze, ›Ich bin richtig.‹, ›Ich bin nicht schuldig‹, wie ein Mantra. Das möchte ich verinnerlichen.« Ich betone nochmals, dass sie in diesem Traum die Entlastung von der vermeintlichen Schuld thematisiert, die ihr von ihrer Mutter aufgeladen wurde. Wie im therapeutischen Prozess befassen wir uns auch in diesem Traum mit einer

Lebensgeschichte. »Die Therapie half mir, mein Wesen, meine Gefühle und mein Sein mehr anzunehmen, und gab mir einen wichtigen Anstoß, alte innere Konzepte loszulassen.« In ihren nächsten Träumen thematisiert Magdalena eigene Buchprojekte:

»Ich will das Resümee meines eigenen Buches vorlesen und habe Angst. Eine Frau, meine Lektorin, die eng mit mir zusammenarbeitet, küsst und beglückwünscht mich. Ich fühle mich dann gut. Sie gibt mir etwas Wichtiges. Sie schenkt mir Liebe, Vertrauen und viel Kraft, so dass ich spüre, ich bin es selber. Entschlossen sagt sie zu mir: ›Du schaffst es‹. Sie gibt mir Selbstbewusstsein. Ich lese dann wirklich vor.«

Magdalena erinnert die Lektorin an mich. »Sie ist so entschlossen und selbstbewusst wie Sie und weiß wie Sie, was sie tut. Deshalb kann sie mich unterstützen.« Auch ich habe sie in den vergangenen Monaten in der Therapie hinsichtlich ihrer eigenen, schöpferischen Fähigkeiten gefördert. Diese möchte sie zukünftig mehr entfalten. Der nächste Traum symbolisiert die sich verändernde Beziehung zu ihrer Tochter.

»Ich muss ein Buch zusammenfassen. Es ist ein Buch über Alchemie, über die Kunst, durch Verwandlung verschiedener Materialien Gold zu gewinnen. Es ist ein Lebensbuch über ganz wichtige und wertvolle Geheimnisse und Erkenntnisse. Es enthält tiefes, altes Wissen, das ich für meine Tochter niederschreiben muss.«

Ich betone, dass die Alchemie nicht nur die Veredelung von Materie beschreibt, sondern dass dieser Prozess auch die Läuterung der Seele versinnbildlicht. Angeregt durch diesen Traum will sich Magdalena wieder schriftstellerisch betätigen, wozu auch ich sie ermutige.

Magdalenas Bücherträume verbildlichen unter anderem ihren Ablösungs- und Individuationsprozess. In den verschiedenen Lebensbüchern wird deutlich, dass sich die Schicksale unterscheiden. Im Traum ist das Lebensbuch von Magdalenas verstorbener Schwester eine Reliquie. Magdalena dagegen schreibt ihr eigenes Buch, in dem sie ihre Erkenntnisse über familiäre Verbindungen festhält, um sie ihren Töchtern zu hinterlassen. Somit kann sie einen tragischen Kreislauf durchbrechen und ihre Kinder schützen.

Das Leid muss sich nicht von Generation zu Generation wiederholen.

Bücher haben für Magdalena seit ihrer Kindheit auch deshalb eine derart große Bedeutung, weil sie in ihrer Einsamkeit darin Trost, Rat, Zuwendung und Ansporn fand. Auch in ihrem Studium der Philosophie wurden Bücher Quelle von Wissen und wichtigen Erkenntnissen. Sie versinnbildlichen damit auch ein wertvolles Stück ihrer eigenen Identität.

Magdalena bedankt sich für meine Hilfe bei ihrem Heilungs- und Entwicklungsprozess und schenkt mir ein unbeschriebenes Buch, schön und wertvoll gebunden, mit dicken pergamentartigen Seiten.

Der Familienschatten

In den Ferien träumt Magdalena:

»Ich bin in einem großen Wald. Da kommt plötzlich von hinten ein großer schwarzer Hund auf mich zu. Er ist fast so groß wie ein Bär und sehr gefährlich. Ich habe panische Angst, dass er mich tötet, und bleibe stehen. Er hat seine Pfoten auf meiner Schulter. Plötzlich weiß ich, dass ich, wenn ich mich abwende, nicht mehr angreifbar und somit gerettet bin.«

Magdalena meditiert und imaginiert über den gefährlichen, schwarzen Hund und deutet ihn als ihre Schattenseite, die sie zeitweise fest im Griff habe: »Dieses dunkle Wesen war meine Schattenseite. Das waren der Tod, die Selbstzerstörung, meine Sucht, das Rauchen. Mir wurde plötzlich klar, in welch ernste, lebensbedrohliche Gefahr ich mich durch das Rauchen bringe, und ich habe nach diesem Traum schlagartig damit aufgehört.« Ich füge hinzu, dass diese Schattenseite möglicherweise auch ihre böse innere Mutter darstelle, der sie sich in unseren Ferien, in der Trennung von mir, mehr ausgeliefert fühlte. Magdalena bestätigt das: »Ja, meine Mutter hielt mich tatsächlich in ihren Klauen. Ich durfte mich nicht bewegen. Jede Bewegung erlebte meine Mutter als Revolution gegen sich selbst. Und doch ist Bewegung Entwicklung. Meine Mutter lebte in einer Welt, die allein ihren Vorstellungen entsprach. Alles andere erlebte sie als schlecht.« Ich füge hinzu: »Sie blieben in ihrem Bann, bis sie Ihre innere Bedrohtheit sowie Ihre eigene Destruktivität erkannten. Hierdurch öffneten Sie sich einer neuen Welt, einem anderen Bewusstsein und können Ihre Kinder, die Menschen Ihrer Umgebung und sich selbst nun deutlicher wahrnehmen.« Magdalena antwortet: »Ja, meine Destruktivität war lebensbedrohlich. Das Böse wollte mich festhalten und umbringen. Vielleicht schaffe ich es, mich ihm zu stellen. Ich möchte meine Lichtseite visualisieren. Bewegung ist für mich lebensrettend. Ich fange an mich zu mögen, zu akzeptieren und sehe in letzter Zeit viel deutlicher die Nachrichten und Botschaften meiner Träume. Dadurch gelange ich auf eine andere Ebene, bekomme Zugang zu einem anderen Bewusstsein und sehe mehr.« In der nächsten Stunde berichtet Magdalena von einem Meditationserlebnis, bei dem sie einen Buddha, der einen kleinen Buddha in sich trägt, erfahren hat. Diese Vision regt Magdalena an, an einem Meditationsseminar teilzunehmen. Sie bittet ihr Unbewusstes um weitere Träume, die ihr Kraft für ihren anstrengenden Weg aus der Sucht und für die Bewältigung ihrer tiefen Trauer geben.

Die Therapie, das Erkennen des Schicksals, das sie bisher wie ein riesiger Hund in den Klauen hielt, und ihre regelmäßigen Meditationen eröffnen ihr den Zugang zu ihrem Wesenskern. Sie träumt, dass sie ein großes Ei aus Opal, perlmuttfarben schillernd und mit filigranen goldenen Verzierungen eingefasst, geschenkt bekommt. In diesem wunderschönen Ei symbolisiert sich ihre wachsende Individualität und Identität.

Magdalena träumt von einer Frau, die liebevoll mit ihr umgeht und sie beschützt. Sie hilft ihr nach einer Verblendung, durch welche sie erblindete, wieder zu sehen. Wir sprechen über Magdalenas blinde Flecken, und sie erkennt ihre eigene seelische Blindheit unter anderem gegenüber dem Leid ihrer Tochter. Mehrere Stunden lang arbeiten wir auch an den familiären Verboten und Tabus. Bedrohliche und schambesetzte Ereignisse wurden in Magdalenas Familie ausgeblendet und totgeschwiegen. Im Traum nähert sie sich einem Familientabu:

»Ich bin in meinem Heimatdorf, etwa 15 Jahre alt und hole zwei Freundinnen ab. Wir haben uns als Zigeuner verkleidet. Es ist ein

Dorffest. Jemand ist gestorben. Ich sehe dann einen Mann, dessen Bauch geöffnet ist. Er ist wie ein böser Geist. Meine Freundinnen schreien: ›Der Mann bringt uns um.‹ Als ich zu dem Mann sage: ›Du bist brav und lieb‹, verwandelt sich sein Gesicht, und das Böse transformiert sich. Er erzählt dann, dass er vor seinem Tod ein gefragter Gigolo war und ein Zuhälter ihn umgebracht habe.«

Auch dieser Traum beschäftigt uns mehrere Stunden lang und eröffnet uns neue Einblicke in Magdalenas Lebens- und Familiengeschichte. Sie erinnert sich zuerst an ihren ehemaligen psychisch kranken Freund. Erstmals erzählt sie ausführlicher über seinen Eifersuchtswahn und wie grausam er oft zu ihr war. Als sie die Beziehung beendete, drohte er, sie umzubringen, drang in ihre Wohnung ein und bedrängte sie. »Er war teuflisch, dämonisch, krank und gewalttätig. Er hat mich seelisch zerstückelt. Für ihn war ich wertlos. Schließlich waren meine Augen paralysiert. Ich konnte nichts mehr sehen und musste ins Krankenhaus.«

Sie erinnert sich auch daran, dass ihr Vater durch einen schweren Verkehrsunfall eine Bauchverletzung erlitt und beinahe gestorben wäre. Er war damals mehrere Monate arbeitsunfähig, was die Existenz der Familie gefährdete.

Ich frage auch nach Magdalenas Großvater, von dem ich bereits weiß, dass er seine Frau häufig betrogen hat. Sie berichtet daraufhin, dass dieser, ähnlich wie der Gigolo im Traum, viele Frauen hatte, häufig Huren aufsuchte, geschlechtskrank war und ihre Großmutter ansteckte.

Der Traum verdichtet verschiedene Zeiträume und -ebenen und führt uns zu mehreren schambesetzten Ereignissen: dem psychisch kranken Freund, dem arbeitsunfähigen Vater und dem untreuen Großvater. Das Bearbeiten dieser familiären Tragiken eröffnet nun verstärkt den Weg zu den positiven familiären Ressourcen.

Familienschätze

Magdalenas Familienschätze und ihre sich verändernden inneren Beziehungen spiegeln sich in den folgenden Träumen:

»Oma ist schwarz angezogen, trägt eine Schürze und geht zum

Kochen. Gleichzeitig weiß ich, dass sie tot ist. Sie gibt mir dann eine neue Kleiderschürze mit Blumen und umarmt mich. Das ist wie ein Schatz, ganz wichtig.«

Auf meine Frage nach ihren Einfällen berichtet Magdalena: »Meine Oma mochte ich sehr gerne. Sie hat gut gekocht und die ganze Familie um sich geschart. Sie führte eine kleine Konditorei und sicherte so die Existenz der Großfamilie. Später übernahm meine Schwester den Laden.« Ich weise darauf hin, dass ihre Großmutter ihr im Traum die Botschaft vermittelt, die Trauer abzulegen und sich mit Blumen zu schmücken. Ihre Oma gibt der Enkelin gleichsam wie die Göttin der Barmherzigkeit einen Schutzmantel. Ich betone, dass Magdalena nun auch ihre guten Wurzeln, die Familienschätze entdeckt. Magdalena bestätigt das: »Es war wie ein Geheimnis, ein Schatz und ich würde gerne diesen Schutzmantel meiner Tochter Maria geben. In ihr habe ich so viel kaputt gemacht. Ich möchte achtsamer, liebevoller mit ihr umgehen.« Im folgenden Traum besucht Magdalena ihre Großmutter im Kloster:

»Oma ist sehr zufrieden mit mir. Sie vermittelt mir, dass ich auf dem richtigen Weg bin, nickt dabei lächelnd mit dem Kopf und gibt mir einen rosaroten Engel aus Schokolade. Es kommt dann eine Person in eine alte Scheune, die ich erben sollte. Sie entsorgt Müll, renoviert, reinigt, putzt die Fenster und macht aus der Scheune einen kleinen Palast. Oma nickt und lacht dabei.«

Die Großmutter erscheint Magdalena wie ein Schutzengel. Sie unterstützt ihre Entwicklung und nährt sie liebevoll. Meine Deutung, »Sie haben in der Therapie ihr Erbe gereinigt und ihre Sicht geklärt und haben sich dadurch einen eigenen Raum geschaffen«, freut Magdalena. In der nächsten Stunde erzählt sie einen weiteren Traum:

»Ich bin bei Oma. Meine Brüste schmerzen und werden immer größer. Ich spüre dann, dass soviel Milch herausfließt, dass ich ein großes Mädchen stillen kann. Meine Brüste bedecke ich dann mit Handtüchern und gehe nach Hause. Mein Vater guckt mich an.«

Magdalena erläutert: »So habe ich mich vorher nie gesehen – als eine richtige Frau. Es hat sich viel in mir verändert, denn ich fühle mich erstmals als gute Mutter, die ihre Tochter einfühlsam versorgen kann. Gleichzeitig sehe ich meine Kinder als von mir unabhängige Wesen. Im Traum war ich eine Leben spendende Quelle, konnte sie schützend bedecken und fühlte mich geliebt.« Ich freue mich über Magdalenas sichtbar wachsende Weiblichkeit und mache sie darauf aufmerksam, dass sie in diesem Traum von ihrem Vater in ihrer Mütterlichkeit gesehen werde und ihre Töchter sowie ihr inneres Kind mit guter Nahrung versorgen könne. Die Beziehung zur Tochter Maria verbessert sich in den folgenden Monaten wesentlich. Auch in den nächsten beiden Träumen thematisiert Magdalena ihre sich klärende Familiengeschichte.

»Ich bin ungefähr vierzehn Jahre alt und besuche meine Oma. Sie möchte ihr Haus renovieren lassen. Durch das offene Küchenfenster fliegen Vögel. Vier Vögel liegen wie tot auf dem Boden. Einer lebt noch. Als ich ihn befreie, fliegt er sofort zum Himmel. Die anderen drei werden in den Himmel aufgesogen.«

Magdalena erklärt, dass der befreite Vogel sie selbst sei. Sie habe sich aus dem Haus ihrer Ahnen befreit. Die toten Vögel seien ihre verstorbene Schwester, ihre Mutter und ihre Großmutter. Mich berührt es, dass all diese Frauen gleichsam in den Himmel aufgenommen werden. Dieser Traum stellt eindrucksvoll einen wichtigen familiendynamischen Zusammenhang dar: Werden einem Familienmitglied bedeutsame Zusammenhänge bewusst, ist das für die gesamte Familie reinigend und befreiend. Magdalena träumt:

»Mein Partner und ich pilgern mit einem Rucksack nach Rom. Ich bin schwanger. Wir sind müde und suchen eine Pension. Alle sind voll. Dann finden wir eine, die auch schon besetzt ist, aber die Wirtin reicht uns warmherzig und voll Mitleid ein Glas Wasser. Sie sagt, dass sie ausgebucht ist, aber ihre Tochter Katharina fragen wolle, ob wir in ihrem Zimmer schlafen können.«

Magdalena erinnert dieser Traum an die Herbergssuche von Josef und Maria. Sie betont: »Ich war erstaunt, dass dic Frau ihre Tochter ernst nimmt, diese fragt und ihren Raum respektiert.« Magdalenas Paarbeziehung und der Wunsch nach einer guten Familie, geprägt von einer Atmosphäre gegenseitiger Achtung, bilden sich in diesem Traum ab. Die gute innere Mutter, zu der Magdalena Zugang findet und mit der sie sich mehr und mehr identifiziert, erscheint hier als barmherzige Wirtin, die ihren Raum sowie den ihrer Tochter respektiert. Als Schwangere, begleitet von einem liebevollen Mann, wird sie freundlich und fürsorglich aufgenommen und kann sich mit mir als Mutter identifizieren.

Suche nach der verlorenen Tochter

Der folgende Traum spiegelt Magdalenas Suche nach ihrer Tochter und thematisiert erneut Ereignisse aus ihrer Ursprungsfamilie.

»Ich gehe mit meinen Töchtern an einem Fluss über eine Brücke. Ich muss beide Töchter zum anderen Ufer bringen. Viele Flüchtlinge kommen mit uns. Plötzlich verliere ich Maria. Deshalb sage ich zu Carlotta, meiner jüngeren Tochter, sie solle mit ihrer Freundin weitergehen und auf jeden Fall am Ende der Brücke auf mich warten. Nun bete ich, Maria zu finden. Ich muss zurückgehen und wieder gegen den Strom der Flüchtlinge ankämpfen. Ich suche und suche. Plötzlich finde ich meine Tochter. Sie kniet weinend auf einem Steg und hat schreckliche Angst. Ich weiß, nur ich kann ihr helfen, nehme sie in den Arm und tröste sie. Ich bin glücklich und freue mich, dass ich meine Tochter wiedergefunden habe. Wir gehen dann über die Brücke, finden Carlotta Hand in Hand mit ihrer Freundin und können wieder miteinander lachen.«

Magdalena fällt zu diesem Traum ein: »Die Flüchtlinge, die mich überrumpeln und schuld sind, dass ich meine Tochter verliere, erinnern mich an die Geister meiner Familie, an Energieströme und Ereignisse meiner Familiengeschichte. Ich habe meine Tochter lange Zeit wirklich verloren, sie gesucht und jetzt wiedergefunden.« Als ich sie frage, wann ihre Tochter innerlich verloren ging, antwortet sie: »Als ich mich von meinem Mann scheiden ließ. Ich war mit anderen Dingen beschäftigt.« Ich ergänze, dass auch Magdalena vermutlich ihre Eltern innerlich verlor, als ihre jüngere Schwester verunglückte. Magdalena erkennt: »Hier wiederholt sich mein Schicksal an meiner Tochter.«

Dieser Traum ist sehr aufschlussreich, denn er lässt die schicksalhafte Verwobenheit der Generationen erkennen. Der Strom der Flüchtlinge erinnert auch an die Auswanderung von Magdalenas Eltern sowie ihre Rückkehr nach Spanien. Der Traum thematisiert die Emigration der Eltern, Magdalenas Trennung von den Eltern, aber auch ihre Einsamkeit und Heimatlosigkeit in Deutschland durch ständige Umzüge. Die Generationen ihrer Familie verbindet ähnliche Erfahrungen: »Das Leben ist gefährlich.« »Man geht leicht verloren.« »Man ist ungeschützt.« »Beziehungen sind brüchig.« »Mutter und Kind werden auseinandergerissen.« Der Traum verdichtet diese familiären Erlebnisse. In ihm kann Magdalenas Tochter Maria nicht nur sich selbst darstellen, sondern auch Magdalena als junges Mädchen oder vielleicht auch ihre verstorbene Schwester Rosario. Magdalena begegnet also in diesem Traum der Einsamkeit ihrer verlorenen Tochter, aber auch ihrer eigenen und der inneren Heimatlosigkeit ihrer Familie. Durch das Bearbeiten der verdichtet dargestellten Personen kann sie erkennen, dass in den Familienmitgliedern Gefühle der Verlorenheit über Generationen tradiert werden. So vermischt Magdalena innerlich, was eigentlich nicht zusammengehört, zum Beispiel das Leben von Maria mit dem eigenen, dem Leben ihrer Schwester und dem ihrer Mutter. Hierdurch erlebt sie ihre innere Bedrohtheit noch verstärkt. Sie träumt:

»Ich bin bei meinen Eltern. Es ist ein großes Straßenfest. Im Elternhaus sieht es aus, wie vor dreißig Jahren. Dort sind vier Männer. Sie singen a capella, schrecklich disharmonisch. Plötzlich kommt ein Schwein. Es ist ein großes Ferkel und die Männer wollen vom lebenden Schwein den Schinken herunterschneiden. Sie schneiden den Bauch auf, sie schneiden ein Bein weg. Ich finde es primitiv, wie sie mit dem Tier umgehen.«

Magdalena fällt zu diesem Traum ein, dass sie das Ferkel als völlig unschuldig erlebt, wie ein Kind, das gequält wird und einer furchtbaren Tortur ausgesetzt ist. »Das Schicksal und das Leben sind in den Händen von anderen.« Magdalena wird klar, welchen Qualen sie ausgesetzt war. »Wie viel wurde ich von meinem sechsten bis zum sechzehnten Lebensjahr geschlagen! Und dann hat man so getan, als ob nichts passiert wäre. Mein Vater trank viel, er war aggressiv, ein Ungeheuer. Mir fehlte die Liebe, die Selbstachtung und die Würde. Wie schlug man mich auch mit Worten! So bekam ich einen dicken Panzer, wie eine Schwarte. Die Leute konnten mich nicht mehr erreichen. Jetzt wird er immer dünner. Die Liebe durchbrach ihn.« Durch das Bearbeiten dieses Traumes wird Magdalena auch gefühlsmäßig bewusst, welchen Belastungen sie ihre Tochter ausgesetzt hat. »Das Schwein bin ich selbst.« Magdalena möchte nun ihre Tochter davor schützen. Sie träumt:

»Ich sehe meine jüngere Tochter vor dem Laden meiner Schwester. Plötzlich kommt eine riesige Horde junger Männer, eine Bande. Sie bedrohen mich, aber ich spüre sehr viel Kraft und Energie und weiß, dass ich nun der Chef bin. Die Vergangenheit hat ihre Macht über mich verloren.«

Ich füge hinzu: »Sie sind nicht mehr das Opfer gewalttätiger Männer, denn Sie spüren nun selbst viel Kraft in sich.« Auch im nächsten Traum setzt sie sich mit ihren wachsenden Fähigkeiten auseinander.

»Ich bin in einem alten Schloss. Dort lebt ein alter Mann mit einem langen Bart. Im Kamin brennt Feuer. Es ist im Halbdunkeln. Ich bin seine Tochter oder seine Schülerin. Wir sitzen an einem großen Tisch. An der Wand hängen mehrere Holzkränze mit Symbolen. Er fordert mich auf: ›Nimm dir einen.‹ Als ich ihn frage welchen, antwortet er: ›Frage deine Intuition!‹ und lächelt mich an. Ich nehme dann einen Kranz, der genau in eine Lücke von einem großen Stein passt. Der Weise betont wieder, dass ich mich auf meine Intuition verlassen kann. Ich sehe dann die anderen Kränze genauer an, erkenne darauf Schnitzereien und verschiedene Zahlen, unter anderem die Zahl sechzehn, meine Lieblingszahl, gebildet aus zwölf und vier. Der Mann bestätigt, dass das die zwölf Sternzeichen und die vier Elemente seien. Mein Kranz ist auch in zwölf Teile geteilt.«

Magdalena erklärt, dass dieser Mann – ähnlich wie ich – ihr Meister sei und ihr viele Fragen beantwortet habe. »Meine Augen und Ohren öffnen sich nun für mich, meine verschiedenen inneren Wesen und meine Töchter.« Dann träumt sie:

»Ich bin alleine im Haus meiner Eltern und werde gefragt: ›Hast du Angst?‹ Ich verneine zuerst. Dann sehe ich einen riesigen Spiegel.

Er reflektiert ein braunhaariges, elfjähriges Mädchen. Es ist sehr traurig. Ich habe Angst. Es tut mir leid, ich nehme es in den Arm, gucke es an und tröste es. Es ist mein Spiegelbild. Dann will ich zur Toilette und sehe eine Demonstration von Monstern und Geistern, die protestieren, weil die Menschen sie ausschließlich für schrecklich halten.«

Magdalena berichtet dazu: »Ich spüre das Verletzliche, das isolierte Kind in mir. Meine Schattenschwester kann ich nun annehmen. Das Monster in mir ist nicht mehr so schrecklich.« Nach diesem Traum hat sie das Gefühl, dass sich zwei Wesen in ihr, die sie Ade und Hada nennt, miteinander verbinden. »In der Meditation erkannte ich ganz deutlich, dass sich Ade, das Deformierte, Verkrüppelte in mir, das nicht wachsen durfte, und Hada, meine feenhafte Schönheit, vereint haben. Beides bin ich! Je mehr ich mich selbst erkenne, desto mehr erkenne ich auch meine Töchter, habe weniger Angst und kann so sein, wie ich bin.« Über diese beiden inneren Wesen haben wir in der Therapie viel gesprochen. Magdalena hat sie mehrmals gezeichnet und sie in ihren Aufzeichnungen beschrieben. Sie träumt:

»Ich sehe einen bewusstlosen Mann auf der Straße liegen und hole Hilfe, einen Krankenwagen. Im Krankenwagen, der uns mitnimmt, begegne ich drei Außerirdischen, die mir wie Engel erscheinen. Einer gibt mir die Aufgabe zu schreiben. Diese Aufgabe möchte ich ernst nehmen.«

Magdalena erinnert dieser Traum an die Verkehrsunfälle ihrer Schwester und ihres Vaters. Anders als damals ist es ihr nun möglich, Hilfe zu holen und den Verletzten beziehungsweise das Verletzte in ihr zu retten. Sie ist nicht alleine und ungeschützt, sondern hat spirituelle Begleiter. In einer Traumserie erscheinen Magdalena Engel, Götter und Weise, die ihr Geschenke überreichen und Hilfe anbieten.

Gegen Ende ihrer Therapie träumt sie, dass sie ein Spanier küsst. »Dieser Kuss war das Sinnlichste, was ich je gespürt habe. Ich dachte, der liebt mich für eine Ewigkeit.« Magdalena findet die Liebe bei einem Spanier. Sie betont, dass sie sich nun mit der Erde verbundener fühlt, mit ihren Wurzeln, ihrer Heimat und dass sie sich wie wachgeküsst, offener für die Sinnlichkeit erlebt. In einem weiteren Traum wird sie von einem Mann innig umarmt und erfährt eine tiefe seelische Verbundenheit. Anschließend träumt sie:

»Ein Lichtgott schenkt mir eine strahlendweiße und vanillegelbe Lichtkugel, die sich ständig verwandelt und transformiert. Sie besteht aus tausenden von Lichtpunkten, die sich sphärisch je nach ihren Positionen formieren. Jedes Teilchen weiß, wohin es gehört, was zu tun ist, und trägt die göttliche Flamme.«

Magdalena fügt hinzu, dass sie in ihrer Meditation diese Lichtkugel als ihre eigene individuelle Energie, einen Wirbel von innen erkannte und diese in ihrem Schoß auf einer Schale hielt. Sie betont: »Es war wie meine Essenz.«

In einem ihrer letzten Träume findet Magdalena einen riesengroßen Bergkristall. »Ich wusste nicht, wer ich war, als ich zu Ihnen kam. Jetzt weiß ich es«, deutet Magdalena ihren Traum. »Im Therapiezimmer liegt ein Bergkristall. Er hat alles mitgehört. Nun kann ich am Leben teilnehmen«, fügt sie hinzu.

Magdalena entschließt sich, die Therapie zu beenden. Sie möchte ihren Weg nun alleine gehen. Unser Abschied löst in ihr wieder ganz frühe Ängste aus, die wir bearbeiten.

Magdalena beschreibt ihre Entwicklung: »Bevor ich zu Ihnen kam, habe ich nur in meinem Körper gelebt. Da war meine Seele weg. Dann habe ich Sie gefunden.« Ich wünsche ihr, »die Suche nach der Seele« auch nach der Therapie fortzusetzen. Sie antwortet: »Ich fühle mich stark. Die Meditation ist nun mein Weg, mein Inneres zu finden. Ich übe mich in Achtsamkeit. Auch meine Wut kann ich besser kontrollieren. Ich habe Vertrauen zu mir. Mein Herz ist weich geworden für meine Töchter und meine Mutter. Am meisten danke ich Ihnen dafür, dass ich meine Weiblichkeit und Mütterlichkeit spüre. Meine Träume und Sie haben mir Türen zu meinen heilenden Quellen geöffnet.« Zum Abschied überreicht mir Magdalena ein Buch mit dem Titel »Schön, eine Frau zu sein«, eine Art Poesiealbum und einen Bergkristall.

Ihre Lebensaufgabe sieht Magdalena nun darin, ihre Liebe weiterzugeben, und sie spürt die nötige innere Energie und Willenskraft, um diese Lebensaufgabe zu erfüllen. Unsere therapeutische Beziehung, unsere Arbeit mit Träumen, das Schreiben und Malen von Träumen und wichtigen Ereignissen sowie ihre regelmäßigen Meditationen sind für ihre seelische Entwicklung wesentlich und eröffnen ihr einen Zugang zur Spiritualität.

Mehrere Wochen nach Therapieende besucht mich Magdalena, um mir mitzuteilen, dass sie ihren Weg nun alleine gut gehen könne und mich wie eine Stütze in sich trage.

Was hat sich durch die Therapie verändert?
Magdalenas Träumen helfen ihre Versteinerungen zu verstehen und viele ihrer inneren Blockaden zu lösen. Magdalena beschreibt ihre Entwicklung: »Aus meiner seelischen Versteinerung ist große Trauer geworden. Ich trauerte über den Tod meiner Schwester, aber auch darüber, was ich mir und anderen angetan habe! Inzwischen haben sich die Steine auf meiner Seele fast aufgelöst. Ich kann wieder tanzen und singen – auch mit meinen Kindern. Außerdem habe ich es geschafft, das Rauchen und das Trinken aufzuhören. Von meiner Mutter habe ich mich innerlich gelöst. Nun kann ich sie klarer wahrnehmen und mit ihr über den Tod von Rosario sprechen. Ich leide nicht mehr unter seelischen Einbrüchen und dem Gefühl, vernichtet zu werden. Mein totaler Selbsthass ist gewichen. Ich kann zu mir stehen, ich weiß nun wer ich bin, und habe Vertrauen entwickelt. Der Zugang zu meinen tiefsten Gefühlen, zur Liebe, hat sich eröffnet. Auch die Liebe zu meiner Tochter Maria kann ich nun spüren und erleben. Ich bin wirklich freier von meinen inneren Dämonen und vertraue dem Leben. Inzwischen weiß und fühle ich, dass ich viel Intuition habe und dieser folgen muss. Ich fühle mich von Ihnen wahrgenommen und verstanden. Ihr Mitleid bewegte mich stark. Bisher hatte noch niemand mit mir Mitleid.«

Magdalena leidet nur noch selten unter Ängsten. Die familiären Beziehungen – vor allem die zu ihrer älteren Tochter – haben sich positiv entwickelt. Die Gespräche sind offener geworden. Magdalena erlebt sich nun als Frau und Mutter. Die Liebesbeziehung zu ihrem Mann vertiefte sich. Trotzdem weiß sie, dass sie auch nach der Therapie daran arbeiten muss, achtsam mit sich und anderen umzugehen. Vor allem in Stresssituationen ist sie gefährdet, wieder angespannt zu reagieren.

Nach der Therapie hat sie damit begonnen ein Jugendbuch zu schreiben, in welchem sie wichtige Erkenntnisse ihren Kindern und anderen Jugendlichen mitteilen will.

Magdalena hat einige bedeutsame Texte und Gedichte während ihrer Therapie verfasst:

Magdalena: Durch das Labyrinth zum Kern

Ich ging zur Therapie, weil ich nicht weiter wusste. Ich stand vor einer Mauer, mitten in einer Sackgasse, mit Steinen auf meiner Seele. Der Blick nach hinten hat weh getan. Auf meinem Weg ging ich in die Tiefe. Aus einem Phantom, einem namenlosen Gefühl, gewann ich meine Schwester. Ich besuchte das Grab meiner toten Schwester und will ihren Namen nicht länger verheimlichen. Es dauerte lange, bis ich verstand, dass ich mit der Maske eines Ungeheuers durchs Leben ging. Mit dieser Maske wurde ich groß. Sie klebte wie eine zweite Haut auf meiner und war schließlich wie ein getrockneter Gips, der mich umpanzerte.

Auf meinem Weg lernte ich mein Unbewusstes kennen. Es offenbarte sich in Träumen, ich vertraute diesen und glaubte an sie. Ich erinnerte mich an meinen Göttertraum. Dieser brachte alles ins Rollen. Das war mein Lebenstraum. Ich wollte, dass meine Kinder eine liebevollere Mutter bekommen, und dachte lange, dass ich unfähig dazu bin. Durch diesen Traum konnte meine Seele zum ersten Mal in meinem Leben weinen, ununterbrochen, wochenlang, tief, voller Schmerzen, aber von Liebe erfüllt. Ich weinte um meine Schwester, um ihr Schicksal und um mich. Jetzt haben wir in meinem Herzen Platz.

Ich nahm an einem Traumseminar teil, setzte mich mit dem Malen auseinander und entdeckte den künstlerischen Ausdruck von Träumen als Möglichkeit, deren Botschaft anzuschauen und mich darauf zu konzentrieren. Das erweiterte meinen Horizont und schenkte mir Vertrauen in meine Intuition.

Dann lernte ich die Meditation kennen, besuchte einen Kurs

und meditiere nun täglich. Zusätzlich lieh ich mir viele anregende Bücher zu den seelischen Prozessen, mit denen ich mich gerade beschäftigte, aus der Bibliothek aus.

Der Göttertraum, meine tote Schwester, das Malen und Meditieren, Feen, Engel und Monster waren wichtige Begleiter auf meinem Weg durch das Labyrinth zu meinem Kern. Ich liebe meine Töchter, und trotzdem erkannte ich in der Therapie, wie sich mein Schicksal vor allem an meiner älteren Tochter Maria wiederholte. Meine Tochter litt wie ich. »Sie können sie nicht richtig erkennen«, sagte meine Therapeutin öfter. Schließlich konnte ich sie wahrnehmen und spüren, wie sie litt und wie ich sie einschränkte.

Der Hermaphrodit
Das ist ein sehr alter Traum. Einer der ersten, die ich aufschrieb. Er ist für mich sehr wichtig.

»Mein Mann und ich müssen mit dem Auto eine Reise machen. Ich sage ihm, dass wir jemand mitnehmen müssen. Es handelt sich um eine entfernte Verwandte von mir, eine ältere Dame. Er ist damit einverstanden und holt das Auto. Als ich sie sehe, bin ich sehr erstaunt: Sie ist mit sehr alter Kleidung bekleidet, wie ein Hippie, völlig ungekämmt, aber nicht schmutzig, die Haare schulterlang und weiß. Ich denke: ›Meine Güte, ich hoffe nur, dass sie nicht schlecht riecht, weil sonst mein Mann im Auto sauer wird, und ich kann sie nicht in der Mitte des Weges rauslassen …‹ Sie riecht nicht schlecht, ist aber nicht anmutig. Sie hebt den Rock hoch und trägt eine sehr alte Baumwollunterhose, völlig abgenutzt, durch die man die Geschlechtsorgane sehen kann: Die zwei! Das weibliche und das männliche! ›Wie ist es möglich?‹, frage ich mich, ›sie ist ein Hermaphrodit!‹ Und ich sehe sie an und sie weiß, dass ich es weiß, und lächelt mich mit einem böswilligen, kindlichen, komplizenhaften und lustigen Lächeln an, ›ich kann es nicht ändern, es ist einfach so‹; und ich lächle zurück, denkend, dass die Reise mit dieser originellen Verwandten sehr interessant und lustig wird.«

Ich brauchte sehr viel Zeit, um in dieser Verwandten meine Therapie zu erkennen. Die Reise, das ist der therapeutische Prozess, und interessant und lustig war er auch. Manchmal gingen wir zusammen ein Stück des Weges, manchmal kehrte ich in die Vergangenheit zurück. Meine Therapeutin wartete geduldig auf meine Rückkehr und auf das, was ich erzählte. Manchmal lächelte sie mich an, befriedigt wie mein Hermaphrodit, und manchmal runzelte sie die Stirn, aber ich wusste, dass sie mich im Auto neben meinem Mann begleitete.

Dieser Traum stellt die Verbindung zwischen mir und meiner Therapeutin her – wie zu einer entfernten Verwandten. Sie zeigte mir einige Aspekte auf, denen ich folgte und die ich verinnerlichte oder nicht.

Gabriel

Ohne diesen Traum wäre der ganze therapeutische Prozess nicht derselbe gewesen.

»*Ich muss in einer Art Kapsel, in die nur ich hineinpasse, einen sehr langen, steilen Berg besteigen. Die Hauptstation ist unten im Tal. Aus irgendeinem Grund geht mir das Benzin aus, so dass ich die Reise nicht weiter fortsetzen kann. Ich steige aus und schaue mich um: Alles ist ziemlich trostlos. Es wird dann sehr schnell dunkel, sehr kalt und fängt an zu schneien. Ich habe keine Kraft um, mich zu bewegen, so dass ich mich an einen Fels stütze. Während ich denke, alles ist verloren, sehe ich ein starkes Licht, das auf mich gerichtet ist und mich blendet. Als ich nichts mehr sehen kann, merke ich, dass es der Scheinwerfer eines Mountain-Motorrades ist. Ein sehr attraktiver Junge mit weiblichen Gesichtszügen, aber einer festen und sicheren Haltung und ganz in Leder gekleidet, streckt mir eine Hand entgegen. Mit einem faszinierenden Lächeln lädt er mich ein, zu ihm auf das Motorrad zu steigen. Ich denke, dass es verrückt ist, bergab zu fahren. Gleichzeitig überlege ich: Wenn er es bis dorthin geschafft hat, kann er es auch bis ins Tal schaffen. Dankbar nehme ich seine Hand, halte mich an seiner Taille fest, als ob sie ein Rettungsring wäre, und bedauere, dass er nicht zehn Jahre älter ist.*«

Diesen Traum hatte ich in der Zeit, als ich nicht aufhören konnte zu weinen. Ich fühlte mich ziemlich einsam und verloren. Einige Tage davor hatte ich Engel-Karten gekauft. Es waren interessante und künstlerische Darstellungen. Abends bat ich Gabriel um Hilfe und im Traum begegnete er mir. Von diesem Tag an fühlte ich mich nie wieder einsam. Ich weiß, dass es jemanden gibt, der mir die Hand entgegenstreckt und hilft, auch wenn ich es nicht erwarte. So war ich fähig den schwierigen Weg zu riskieren, in die Dunkelheit einzudringen, alles und alle in Frage zu stellen. Ich wusste, dass Gabriel bei mir war.

Meine Schwester Rosario
Rosario hat mir während des ganzen Prozesses sehr geholfen. Sie lehrte mich, dass die Toten zu einer Familie gehören und selbst Jahrzehnte nach ihrem Tod anwesend sein können. Obwohl ihre Reise auf dieser Welt sehr kurz war, hinterließ Rosario einen großen Schatten über den Lebenden. Fast dreißig Jahre nach dem Unfall konnte ich endlich mein Herz und meine Seele in Trauer kleiden und meinen Tränen erlauben, den Fels, der sich in meinem Herz abgelagert hatte, zu brechen. Andererseits bemerkte ich ihre Anwesenheit, ihre Energie und ihre Liebe, die mich den ganzen therapeutischen Prozess über begleitete. In einem Traum lehrte sie mich etwas sehr Wichtiges: »Du bist nicht schuldig. Es ist nicht deine Schuld. Die Eltern wussten nicht, was sie tun sollten.« Jetzt merkte ich das Gift, das ich während so vieler Jahre hinuntergeschluckt hatte. Ich war nicht einmal fünf Jahre alt, als meine Schwester starb. Nie und nimmer sprach man über sie in meiner Familie. Sie lehrte mich zu weinen. Ich habe nie geweint. Nur als ich ein Kind war und während der Prügel, die meinen Körper zerquetschten und meine Seele verbogen. Jetzt weine ich aus Freude, wenn meine Töchter mich umarmen, wenn sie mir ihre Liebe zeigen. Wenn ich eine Geschichte über schlecht behandelte Menschen höre, weine ich auch, jedes Mal, wenn etwas mein Herz berührt.

> *Für Rosario, meine Schwester*
> Dein Weinen ist mir zwischen den Händen entglitten.
> Deine Silhouette hat sich in meinem Blick aufgelöst.
> Du Mädchen des Himmels und des Wassers.
>
> So viele Spiele ungespielt,
> so viele Worte ungesagt,

so viele Dinge ungetan,
so viel Lachen ungelacht.

Was für eine kurze Zeit hatten wir,
das nächste Mal wird es besser sein.
Wir werden Hand in Hand zusammen gehen
Und du wirst meine große Schwester sein.
Mir Geschichten erzählen
Und mit mir beten.

Ich habe einen zärtlichen Ort für dich
in meinem Herzen,
wo die Brise weht
und die Sonne dich wärmt.

Das Ritual
Auf Gebetsfahnen schreibe ich Gedichte, Weisheiten und male wichtige Traumbilder. Wie die Tibeter hänge ich sie im Garten auf. Mit einem kurzen Text bedanke ich mich bei meiner Mutter, dass sie mir das Leben gegeben hat, und verzeihe ihr, was sie mir angetan hat.

Ade und Hada
Ade und Hada sind zwei Wesen in mir. Ade ist die Verkleinerungsform von Adefesio, die Lächerliche, die übel Zugerichtete, die Missgebildete. Sie entsprach dem Bild, das ich zeitlebens von mir hatte. Sie ist ein durch das Leben strapaziertes Wesen, verkrüppelt, klein, unterernährt und sieht ungepflegt aus. Sie ist schlecht gekleidet, ungekämmt, gottverlassen, kennt weder Liebe noch Zärtlichkeit, hat weder Worte des Trostes gehört noch Liebkosungen gespürt. Sie ist ein schlechtbehandeltes Wesen und hat wegen Kleinigkeiten Prügel bekommen. Ohne sichtbaren Grund wurde sie körperlich und psychisch bestraft, gequält. Sie ist unfähig zu lieben.

Hada, die Fee, ist ein Wesen, das viele – vor allem Jungen und Männer – als attraktiv, interessant, intelligent und geheimnisvoll empfanden. Viele versuchten dieser Erscheinung nahe zu sein, wussten aber nicht, dass es nur eine Luftspiegelung war. Das

Glück war auf Hadas Seite, der Geheimnisvollen. Gott sei Dank war Hada da. Das Schicksal ist immer wohlwollend und schützend zu ihr gewesen. Sie fühlte, dass es Leute gab, die bereit waren, sie zu akzeptieren und zu lieben. Das Problem war, dass sie nichts von Ades Existenz wussten. Wenn sie sich ungerecht behandelt fühlte, verachtet oder angegriffen, dann tauchte Ade auf und zerstörte alles.

Meine Tragödie war, dass Ade dann den ganzen Raum einnahm. Erst in der Therapie begann ich Hada in meinem Inneren zu akzeptieren, ihr genügend Raum zu lassen, dass sie sich entwickeln konnte. Jetzt kann ich sie wahrnehmen. Sie bedeutet für mich eine sehr interessante Facette: ein spirituelles Wesen, interessant, intelligent, sehr fröhlich, optimistisch und eine unverbesserliche Idealistin. Sie glaubt an sich selbst und vor allem an die inneren Kräfte des Menschen. Sie weiß, dass es für jeden von uns einen Plan gibt, der uns wachsen lässt, uns hilft, stärker und weiser zu sein. Sie weiß auch, dass wir nie wirklich einsam und verlassen sind. Ihr Lieblingsort ist die Natur, ihre Mutter.

Heute nehme ich Ade und Hada als beide Wesen in mir wahr. Sie sind eine interessante Symbiose, inzwischen miteinander vollkommen verschmolzen, wie eine Mischung von Farben, die ineinander verflossen sind, aber trotzdem erkennbar bleiben.

Magdalena M.

Ich tauche in einer Bucht und sehe Wale

Josefs Lebensgeschichte

Josef wird von einer Kollegin an mich überwiesen. Durch einen merkwürdigen Zufall – ein Gast hatte die Haustür offen gelassen – gelangt er bei seinem ersten Besuch unbemerkt in meine Wohnung und erwartet mich zu meiner großen Überraschung im Therapiezimmer. Auf meine Frage, was ihn zu mir führe, erzählt er seine Lebensgeschichte: Er ist ein persisches Findelkind. Vermutlich wurde er als Baby von seinen Eltern ausgesetzt. Die folgenden Monate verbrachte er in verschiedenen Waisenhäusern. Josef weiß nichts über seine Eltern, nichts über seinen Geburtsort. Nicht einmal sein Geburtsdatum kennt er. Als etwa Einjähriger wurde er von einem Ehepaar, einem Perser und einer Deutschen, adoptiert. An den Flug von Persien nach Deutschland erinnert er sich dunkel. Er verbindet ihn mit bedrohlichen und schmerzhaften Gefühlen. Die Ehe seiner Adoptiveltern war sehr schwierig, es gab ständig Streit. Als Kind und Jugendlicher hatte Josef häufig Wutanfälle, die sich in heftigen Auseinandersetzungen, körperlichen Misshandlungen anderer und extrem destruktivem Verhalten äußerten. Aufgrund dieser untragbaren Situation drohte man ihm häufig, ihn in ein Waisenhaus zu bringen. Erst mit 12 Jahren teilten ihm seine Eltern mit, dass er ein Adoptivkind sei. Im Alter von 17 Jahren zog Josef wegen der wachsenden Schwierigkeiten mit den Adoptiveltern zu einer Nachbarin. Auch dort gab es große Konflikte, die dazu führten, dass er nach zwei Jahren rausgeschmissen wurde. Er zog wieder zu seiner Adoptivmutter, die inzwischen geschieden war. Die beiden lebten drei Jahre lang zusammen, das Verhältnis war extrem belastet. Dann verstarb die Adoptivmutter plötzlich. Ihr Tod macht ihn sehr traurig. Um mir seine tiefe Trauer zu vermitteln, spielt mir Josef eine Tonbandaufnahme von einem Schubert-Lied vor, das er beim Trauergottesdienst gesungen hat. Diese Szene ist für mich äußerst bewegend.

Josef ist 26 Jahre alt und studiert Musik. Die Musik ist für ihn sehr wichtig. Vor allem im Gesang besitzt er eine Möglichkeit, seine Gefühle mitzuteilen und andere zu berühren. Leider fällt ihm das regelmäßige Üben sehr schwer. Da er zudem jede Art von Kritik als vernichtend erlebt, bricht er sein Studium ab. Seine psychischen Schwierigkeiten schildert er folgendermaßen: »Ich bin sehr verletzend, oft überdreht, dann wieder depressiv. Häufig habe ich auch eine Todessehnsucht und wünsche mich in meinen vorgeburtlichen Urzustand zurück. Deshalb zerstöre ich alles, was ich beginne. Ich habe viel Angst, mich zu verlieren, Angst, nichts wert zu sein, und Angst, dass ich für andere zu viel bin. Ich bin so ängstlich, dass ich mich schon völlig abgelehnt und vernichtet sehe, wenn ich mich kritisiert fühle.« Aufgrund seiner großen Ängste und inneren Unsicherheit scheitern auch seine Beziehungen zu

Frauen. Ich weise darauf hin, dass Josef infolge einer elementaren Urerfahrung die zerbrochenen Beziehungen zur Mutter und zur Adoptivmutter unbewusst wiederholt.

Adoption eines Findelkinds

Nach den ersten Gesprächen bin ich unsicher, ob ich Josef in Therapie nehmen werde. Ich fühle mich aufgrund seiner traumatischen Lebensgeschichte und seiner großen Probleme überfordert. Zudem habe ich Angst, dass Josefs archaische Wut darüber, von Vater und Mutter ausgesetzt worden zu sein, und die schweren frühkindlichen Verletzungen kaum bearbeitbar sind. Ich frage mich, ob die tiefen Wunden eines Babys, das den Eltern und der vertrauten Umgebung entrissen, hilflos einer als feindlich erlebten Welt ausgeliefert ist, überhaupt heilen können. Eine weitere Befürchtung ist, dass Josef aus Enttäuschungswut und Angst auch unsere Beziehung abbrechen könne. Schließlich erwäge ich, ob er bei einem männlichen Kollegen besser aufgehoben sei, und teile ihm meine Bedenken mit. Josef lehnt einen Wechsel strikt ab und kämpft um seinen Platz bei mir. Für meinen Entschluss, ihn als Patient aufzunehmen und den schwierigen Behandlungsprozess mit ihm durchzustehen, sind folgende Fügungen entscheidend: Durch seine unerwartete Präsenz in meinem Therapiezimmer nistete er sich bei mir ein. Bereits im ersten Kontakt wiederholte sich hier sein Schicksal als Findelkind. Überraschend und plötzlich war er da und ich adoptierte ihn als Patienten. Auch das Lied, das er mir vorspielte, berührte mich persönlich sehr. Weiterhin teilte Josef mir sein angenommenes Geburtsdatum mit. Er sagte, dass Zahlen, und insbesondere dieses Datum, für ihn eine wichtige Rolle spielen. Es erscheine ihm bedeutsam, wenn dieses Datum auch für mich einen besonderen Stellenwert habe. Zu meiner großen Überraschung war es der Geburtstag meiner älteren Tochter. Auf mich wirken diese Fügungen wie eine mütterliche Bitte: »Es könnte auch dein Kind sein, kümmere dich um meinen Sohn.«

Im Folgenden möchte ich vor allem einige Träume darstellen, die die Bearbeitung von Josefs frühkindlichen Trennungen sowie die daraus resultierenden Beziehungserfahrungen aufzeigen.

Konfrontation mit dem Bösen
Zu Therapiebeginn erzählt Josef folgenden Traum:

»Ich bin mit einer großen Flotte auf See, bin im Wasser und tauche. Unter Wasser fühle ich mich viel sicherer. Ich tauche in einer Bucht, sehe Wale und fühle mich sehr wohl. Plötzlich kommt etwas ganz mächtiges Böses, Dunkles.«

Josef meint zu diesem Traum: »Der Wal erinnert mich an den Mutterleib. Wenn ich Kontakt zu ihm habe, fühle ich mich sehr geliebt, wenn ich ihn verliere, ist es sehr bedrohlich. Es ist, als ob ich aus all dem Schönen entrissen wäre und ich fühle mich verloren.« Dieser Traum führt uns in Josefs frühe Kindheit, in seine Säuglingszeit.

Viele Mythen erzählen, dass das Leben aus dem Meer entsprang. Die Wale verbildlichen vermutlich Josefs frühe Erfahrungen mit seiner Mutter sowie seinen sehnsuchtsvollen Wunsch nach Liebe und Kontakt. Wale sind für ihren wunderbaren Gesang bekannt und können ihr eigenes Lied singen. Die Musik und die Gesänge verbinden Josef möglicherweise mit der Klangwelt seines frühen Lebens. Vielleicht spielen deshalb das Singen und die Musik für Josef eine so große Rolle. Durch seinen Gesang – so erzählt er – gelingt es ihm, innerlich mit sich selbst in Kontakt zu kommen und seine Zuhörer gefühlsmäßig zu berühren. Als Solist im Gottesdienst bekommt Josef deshalb von Kirchenbesuchern und Chormitgliedern viel Aufmerksamkeit, Zuwendung und Lob. Er erreicht zudem eine Verbindung mit dem mütterlichen Raum. Rhythmen und Klänge sind auch die frühesten Eindrücke, die ein Kind im Mutterleib erfährt. Schon das Ungeborene hört Herzschlag und Stimme der Mutter. Möglicherweise erlebt Josef in der Musik auch die Erinnerung an einen glücklichen vorgeburtlichen Zustand, in der die Erinnerung an seine Mutter anklingt. Dieses Traumbild sowie Josefs Einfälle lassen mich hoffen, dass Josef eine gute Bindung zu seiner leiblichen Mutter hatte.

Plötzlich dringt etwas Böses in die friedliche Welt ein. Ich frage Josef, welche Phantasien er damit verbinde. Josef assoziiert seine Trennung von den Eltern. Als ich ihn frage, ob er sich vorstellen könne, warum seine Eltern ihn aussetzten beziehungsweise weggaben, meint er, dass er nicht gut genug gewesen sei. Ich mache Josef darauf aufmerksam, dass er etwas auf sich beziehe, wofür äußere Ursachen wie große politische Unruhen, fundamentalistische Umbrüche oder eine soziale oder wirtschaftliche Notsituation ausschlaggebend gewesen sein könnten. Möglicherweise war er auch ein Waisenkind, ein uneheliches Kind oder ein Kind aus einer politisch oder religiös tabuisierten Verbindung. Diese Vermutungen, die ich im Verlauf der Therapie wiederholt formuliere, sind für ihn sehr erleichternd und reduzieren seine Schuld- und Schamgefühle.

Das so frühe, radikale Abgeschnittensein von den Eltern und seiner sozialen Umgebung war für Josef lebensbedrohlich und traumatisierend. Es ist anzunehmen, dass er, wie ihm später erzählt wurde, in den persischen Waisenhäusern von völlig überforderten Säuglingsschwestern versorgt wurde und viele Beziehungsabbrüche erlebte. Schon damals unternahm er möglicherweise den seelischen Rettungsversuch, sich in einen paradiesischen Urzustand zurückzuphantasieren. Vielleicht stellte er sich, wie in dem oben beschriebenen Traumbild mit den Walen, eine Verbindung mit seiner leiblichen Mutter vor. Dann kam das Böse: In diesem Bild spiegeln sich vermutlich auch seine Adoption und Reise nach Deutschland. Das Kind erlebte – so vermute ich – einen Kulturschock. In Josef hinterließen diese Trennungen so viele seelische Wunden, dass ihn existenzielle Ängste, massive Verunsicherungen, große Enttäuschungen und eine enorme Enttäuschungswut erfüllten. Diese Gefühle äußern sich bis heute vor allem in Situationen, die ihn an seine früheren traumatischen Erlebnisse erinnern, zum Beispiel in Trennungssituationen, bei Kritik und »wenn die Liebe anklingt«, insbesondere also in Beziehungen zu Frauen.

In unserer therapeutischen Beziehung bin ich für Josef der gute Wal, bei dem er sich wohlfühlt, sich anlehnen und immer wieder annähern kann, werde aber in seiner Phantasie schnell zur mächtigen Bösen, die ihn verlässt. Die Angst des hilflos alleingelassenen Säuglings ist heute noch in Josef so gegenwärtig, dass sie ihn in jeder engen menschlichen Bindung, auch in unserer therapeutischen Beziehung, einholt.

Auch ich werde zeitweise von diesen unbewältigten Ängsten ergriffen. Lange Zeit befürchte ich deshalb wie Josef, dass unsere Beziehung zerbricht. Die Angst vor einem plötzlichen, unkontrollierbaren Therapieabbruch überschattet viele Stunden und macht mich zeitweise hilflos. Josefs existenzielle Ängste und sein Gefühl, nicht zu genügen, spüre ich in mir. Wie die leibliche Mutter oder Josefs Vater habe auch ich manchmal den Impuls, Josef weggeben zu müssen, und ziehe in Erwägung, ihn an einen männlichen Therapeuten zu vermitteln. Ich vermute, dass Frauen, die zu ihm eine nahe, liebevolle Beziehung hatten, häufig diese Ängste empfanden und sich infolge der Sorge, nicht zu genügen, zurückzogen, was er bestätigt. Indem ich dieses Geschehen anspreche, ergibt sich für Josef die Chance, sich dieses Beziehungsmusters bewusst zu werden.

In dieser Therapiephase bearbeiten wir viele Träume, in denen sich die bedrohlichen Gefühle, welche die frühkindlichen Trennungen bei Josef auslösten, symbolisieren. Das Ungeheuerliche, das Bedrohliche tritt in den unterschiedlichsten Gestalten auf: Tintenfische mit riesigen Armen, die Josef erdrücken; Riesenkraken, zimmergroße Giftspinnen und giftige Schlangen, die ihn überwältigen. Hier spiegelt sich die von Katastrophen erfüllte innere Welt eines ausgesetzten Babys, das ohne Vater und Mutter seinen Ängsten und einer fremden Umgebung völlig hilflos ausgeliefert ist. In den Träumen von den Giftspinnen und Giftschlangen erkennt Josef wiederholt seine Mutter, seine Adoptivmutter und andere Frauen, die ihn verlassen haben.

Da Josef in manchen Stunden gefühlsmäßig nur schwer erreichbar, erschöpft und dumpf wirkt und der therapeutische Dialog schleppend ist, gewinne ich den Eindruck, dass er Drogen nimmt. Ich mache mir große Sorgen um ihn und konfrontiere ihn mit meiner Vermutung. Er bestätigt meinen Verdacht. Ich bin wütend, dass er mir das verschwiegen und unsere therapeutische Arbeit damit immer wieder gefährdet hat. Ich stelle ihn vor die Wahl, den Drogenkonsum zu beenden oder sich bei einem suchterfahrenen Kollegen Hilfe zu holen. Josef kämpft um seinen Platz, entscheidet sich zu bleiben und stellt den Drogenkonsum ein.

Hierdurch wächst unsere therapeutische Beziehung und unser Arbeitsbündnis wird sicherer. Josef stellt fest: »Ich kann inzwischen Ihre Fürsorge spüren und es ist große Sympathie zwischen uns gewachsen.«

Leiter zum Licht

In dieser Zeit beginnt Josef eine Ausbildung zum Erzieher. Hier findet er eine geistige Heimat und gewinnt mehrere Lehrerinnen und Lehrer, die sich seiner annehmen. Vor allem seine Kunstlehrerin unterstützt ihn und ist zu vielen klärenden Gesprächen bereit. Für Josef ist es wichtig, eigene Zeichnungen mit ihr und mit mir zu besprechen. Diese haben in Farbwahl und Motiven ein auffallend orientalisches Gepräge. Auch diese Bilder lassen in Josef innere Vorstellungen aufsteigen: Seine leibliche Mutter fantasiert er als stark und groß, seinen leiblichen Vater als mit spirituellen Fähigkeiten ausgestattet.

In dieser Phase der Therapie können wir viele auftretende soziale Konflikte gut bearbeiten. Hilfreich sind hierbei immer wieder die Fragen: »Was ist wirklich passiert?« und »Was haben Sie innerlich erlebt?«. Das Bearbeiten der frühen Wunden, der Aggressionen und Projektionen sowie die Erfahrung unserer therapeutischen Beziehung stabilisieren Josef. Er erlebt sein soziales Umfeld als weniger bedrohlich und findet darin sogar positiven Halt. Josef träumt:

»Ich bin im Meerwasser, mit Walen in einer Bucht. Es ist wie im Urlaub. Plötzlich sehe ich eine Leiter. Ich kann rausgehen und komme ans Licht.«

In diesem Traum zeigen sich eine friedliche Welt und Josefs Vorstellung, sich aus einem sicheren Element heraus entwickeln zu können. Das Licht, das Spirituelle, gewinnt an Bedeutung.

Ich werde an Jakobs Traum von der Himmelsleiter erinnert (Weinreb, 2000, S. 90–94). Jakob träumt von einer Leiter, die bis in den Himmel reicht. In seiner Seele verbindet sich die irdische mit der göttlichen Welt. Dadurch erlangt er eine neue Erkenntnisebene. Auch Josef erreicht durch unsere tragende, therapeutische Beziehung – symbolisiert in der Leiter – eine neue Ebene. Er versucht, die verschiedenen Kulturen von Vater und Mutter, die der leiblichen Eltern und die der Adoptiveltern in sich zu verbinden.

Josef hat nun eine Serie von Walträumen. Diese erinnern mich an den bekannten Traum von »Jonas und dem Wal«, der in der Bibel beschrieben wird: Drei Tage lang lebte Jonas im Bauch des Wales, dann wurde er in der Fremde an Land gespült. Riedel (2002, S. 29) erläutert in ihrem Buch »Lebensträume – Lebensräume«, wie Jonas im Bauch des Wals zu Einsicht und Wandlung gelangt und nun bereit ist, seinen Lebensauftrag zu erfüllen. Als Kleinkind landete Josef wie die biblische Figur in einem fremden Land.

Das Meer und der Wal symbolisieren zudem den geschützten, therapeutischen Raum. Hier gewinnt er Einsichten, die es ihm ermöglichen, seine Lebensaufgaben zu erfüllen. Auch der folgende Traum zeigt Josefs sich verändernde Beziehungswelt:

»Corinna mag mich. Wir küssen uns. Meine Mama ist präsent.«

Ich freue mich über diesen Traum. Josef beschreibt, dass er in ihm ein ähnlich positives Gefühl erlebt hat, wie in den vorherigen mit den Walen. Er hat wieder Mut und Selbstvertrauen gefasst, sich Frauen erotisch zu nähern. Leider kann er – entsprechend seinen Lebenserfahrungen – keine längeren Beziehungen zu diesen Frauen entwickeln, weil er schnell wütend wird, wenn seine Erwartungen nicht erfüllt werden. Nun arbeiten wir an der Aggression gegen die Eltern, die ihn weggegeben haben, sowie an der Wut gegen die Adoptivmutter, die ihn wiederum auch früh verlassen hat, weil sie völlig unerwartet verstorben ist. Josef hat große Sehnsucht nach einer Freundin, nach Nähe und Liebe, aber gleichzeitig Angst, wieder enttäuscht und verlassen zu werden. »Es macht mich traurig, dass ich Beziehungen zu Frauen nicht halten kann.«

Seine Ausbildung zum Erzieher macht er mit großem Engagement. Er setzt sich mit Entwicklungspsychologie und mit vielen pädagogischen Modellen intensiv auseinander. Er lernt Theorien über frühkindliche Störungen kennen und bekommt dadurch weitere wertvolle Impulse zum Erkennen und Verständnis seiner Wunden. Sein seelischer Heilungsprozess zeigt sich auch darin, dass seine Beziehungen zu Männern, insbesondere zu seinem

Adoptivvater, klarer werden. Die beiden können nun besser miteinander reden und verbringen häufiger und regelmäßiger Zeit miteinander. Ihr Zusammensein ist durch Josefs adäquateren Umgang mit seiner Wut weniger brüchig geworden. Josef konnte inzwischen viele Fähigkeiten entfalten. »Ich spüre viel besser, wenn der andere mich mag, und kann den anderen deutlicher wahrnehmen. Ich lerne weniger zu reden und mehr geschehen zu lassen.« Diese Entwicklung und Reife kommen ihm im beruflichen Umfeld zugute. Vor allem die Kinder, mit denen er arbeitet, kann er jetzt realistischer wahrnehmen. Ein Praktikum in einem Waisenhaus, bei dem Josef acht psychisch auffällige Jugendliche aus verschiedenen Ländern betreut, lässt ihn seine eigenen frühkindlichen Verletzungen wieder erinnern. In dieser Zeit führt er mehrere Gespräche mit seinem Adoptivvater, um Hinweise und weitere Informationen über seine ersten Lebensjahre zu erhalten. Josef erfährt nun erstmals, dass er als Kind so von Albträumen gequält wurde, dass er oft schreiend aufwachte.

Frühkindliche Trennungen

In mehreren Träumen setzt sich Josef nun wieder, diesmal aber realitätsnäher, mit seinen frühkindlichen Verletzungen auseinander:

»Ich bin zu Hause. Ich bin mit einem Kind im Auto. Meine Eltern wollen mich abholen, wir schlittern weg, es ist unkontrolliert. Es gibt einen Unfall und ich bin ganz ausgeliefert.«

Hier thematisiert Josef das Erleben seiner frühkindlichen Trennungen, das seinen leiblichen Eltern Entrissenwerden, was er als völligen Kontrollverlust und Ausgeliefertsein erlebt.

»Ein kleiner Junge, ungefähr drei Jahre, wird vergewaltigt. Ich schaue zu. Plötzlich sind viele Krieger da. Sie laufen durch eine Stadt und fliehen dann auf Boote. Sie werden von riesigen Fischen und Monstern gejagt. Im Affekt wird ein Mensch umgebracht.«

Josef berichtet, dass an seinem Rücken bis heute Narben zu sehen sind, die ihm in seiner frühen Kindheit in Persien zugefügt wurden. Er äußert die Befürchtung, körperlich und sexuell mehrmals missbraucht worden zu sein. Im Traum stellt er möglicherweise diese Erlebnisse dar. Josef thematisiert darin – so vermute ich – auch kriegerische Auseinandersetzungen, die seine Mutter oder sein Vater oder er mit seinen Eltern wirklich erlebt hat.

»Ich fahre mit dem Auto rückwärts ins Schlafzimmer der Eltern, breche durch, alles ist kaputt.«

Josef meint zu diesem Traum: »Das Haus meiner Kindheit, das heißt meiner Adoptiveltern, ist durchgebrochen, ich kann nicht bremsen. Aber jetzt habe ich den Weg frei gemacht, damit Licht ins Dunkel kommt.« Dieser und viele andere Träume offenbaren Josefs Aggressionen infolge der Traumatisierungen. Obwohl Josef kaum bewusste Erinnerungen an seine frühe Kindheit hat und lange auch keinerlei Phantasien damit verbindet, gelingt es ihm, über Träume und unsere therapeutischen Gespräche Zugang zu seinen schrecklichen Erlebnissen zu finden und diese zu verarbeiten. Das Sprechen über die Wutausbrüche Josefs als Kind sowie das Bearbeiten der verzweifelten Aggressionen gegenüber seinen Eltern und Adoptiveltern führen zu einer wesentlichen inneren Stabilisierung. Josef träumt seine Adoption in einer Serie von Träumen schließlich als friedliches Ereignis:

»Meine Adoptivschwester und ich sind kleine Kinder. Ungefähr zwei bis drei Jahre alt. Wir werden von einem potenten Mann abgeholt und alles geht gut.«

»Ich bin mit Papa in einem Klassenzimmer, ein älterer Herr, ein grauhaariger Perser, ist auch da. Steffi, meine Schwester, ist auch dabei, es ist in einer Kirche. Ich kämpfe als Kung-Fu-Meister und bin der Beste. Ich kann fliegen und die anderen können auch fliegen.«

In dieser Traumserie zeigt sich sehr deutlich, wie Josef eines seiner Trennungserlebnisse, das Abgeholtwerden vom Adoptivvater und die Reise nach Deutschland, innerlich verarbeitet hat. Von einem hilflosen kleinen Jungen, der von Monstern überwältigt wird, hat er sich zu einem erwachsenen Mann entwickelt. Er spürt nun seine Fähigkeiten, seine Kraft, seine männliche Potenz. Das zeigt sich auch im folgenden Traum.

Abschied und Versöhnung

Josef träumt:

»Ich bin in einem holzverkleideten Jugendherbergszimmer mit

Stockbetten und einem Computer. Mit Hilfe des Computers komme ich in den Weltraum. Dort bin ich ein starker Kämpfer, kann gegen eine Armee von Monstern kämpfen und eine andere Armee retten. Plötzlich kommt eine Lichterscheinung, es ist der Papst Johannes Paul II. Er gebietet mir bei meinem Kampf Einhalt und sagt: ›Höre mir zuliebe auf zu kämpfen.‹ Ich knie mich vor dem Papst hin, verneige mich und diene ihm. Ich werde von ihm empfangen und in die Arme genommen und bin tief berührt. Dabei kommt sehr alte Trauer hoch.«

In diesem Traum ist Josef stark, ein Kämpfer. Seine große Sehnsucht nach einem guten, liebevollen Vater stellt sich dar. Der kämpfende Held verwandelt sich in einen demütigen Mann, der sich vor dem Heiligen Vater verneigt. Josef teilt zu diesem Traum mit, dass er sich auch von mir empfangen und in die Arme genommen fühlt. Er erzählt, dass er mir zuliebe seinen Drogenkonsum, Alkoholexzesse und seine Streitereien weitgehend eingestellt hat. Josef hat seinen inneren guten Vater und seine innere gute Mutter gefunden. Gegen Ende der Therapie träumt er:

»Meine Mama, meine Schwester und mein Papa sind da. Mamas Haare sind dunkel und schütter. Liebevoll nehme ich ihren Kopf in meine Hände und sage, dass jeder sterben muss, sie auch. Sie lächelt mich dann ruhig an.«

Josef assoziiert zu diesem Traum, dass er früher seine Adoptivmutter meist als verletzend und gemein erlebt habe. Er überlegt sich nun, was sie bei den ständigen Streitigkeiten wohl empfunden habe. Josef ist darüber sehr traurig und weint über ihren Tod. Nach einer längeren Pause versuche ich ihn zu trösten: »Nun können Sie den Tod Ihrer Adoptivmutter betrauern und innerlich akzeptieren.« »Ja, ich will erwachsen werden, meine Mama darf sterben, aber der Abschied macht mich ganz traurig«, erwidert Josef. Als ich ihn frage, ob die schwarzen Haare nicht auch auf die persische Mutter hinweisen, stimmt er zu und meint, dass er das Gefühl habe, dass seine persische Mutter ihm gegenüber zärtlich und liebevoll war. Ich freue mich, dass Josef liebevoll mit seiner Mutter und Adoptivmutter verbunden ist. Er trauert über deren Tod und scheint mit beiden innerlich versöhnt. In seinem Traum thematisiert er auch den bevorstehenden Abschied von mir. Unsere seelische Verbundenheit und unsere therapeutische Arbeit heilen in ihm viele Wunden. Josefs Reifung offenbart sich auch im Erkennen der Endlichkeit und Sterblichkeit der Menschen und in der Trauer darüber. Er berichtet, dass er nun weniger Angst vor Frauen habe, deutlicher seine attraktive Seite zeige und mehr Resonanz von seinem weiblichen Gegenüber spüre. Auch in seiner Arbeit fühle er sich gestärkt. In seinem letzten Traum während der Therapie wünscht sich Josef von seiner Freundin ein Kind.

Was hat sich durch die Therapie verändert?
Josef beschreibt in den abschließenden Gesprächen seine veränderte Lebenssituation: Seine Ausbildung zum staatlich geprüften Erzieher hat er sehr gut abgeschlossen. Seine Gefühle wie Ängste, Trauer, Freude erlebt er differenzierter und kann diese ausdrücken. Josef lernt, seine Phantasien von aktuellen Ereignissen zu unterscheiden und die Realität deutlicher wahrzunehmen. Das Verhältnis zu seinem Adoptivvater ist inniger geworden. Seine sozialen Beziehungen sind realitätsbezogener und weniger brüchig. Er geht reflektierter mit sich und anderen um. Er hat nun eine Freundin, Anna, und wünscht sich sehr, mit ihr liebevoll und zärtlich verbunden zu sein. Beim Abschied betont er, wie wichtig es für ihn ist, seine Träume zu verstehen: »Ich habe gelernt, bewusst verschiedene Perspektiven gleichzeitig zu sehen. Viele meiner Entwicklungen haben sich in Träumen dargestellt. Durch diese verarbeitete ich auch viele Erlebnisse und vor allem meine Trennungen. Ich lernte die Bedeutungen von Träumen selbst zu entschlüsseln und dass es viele mögliche Interpretationen gibt.«

Josefs Arbeitsfähigkeit sowie seine Begabungen – zum Beispiel im Bereich des schriftlichen Ausdrucks – wachsen, neue Lebensperspektiven eröffnen sich. Auch konnte Josef durch die therapeutische Beziehung einige meiner Fähigkeiten verinnerlichen.

Ein Jahr nach dem Ende der Therapie kommt Josef zu einem Gespräch in meine Praxis. Er ist mittlerweile verheiratet und stolzer Vater einer Tochter. Seine Frau hat zwei Kinder in die Ehe mitgebracht. In einer Paartherapie holen sich die beiden Hilfe.

Verantwortungsbewusst möchte Josef seine Tochter sowie seine Stiefkinder versorgen und vor dem seelischen Leid, das er erlebt hat, schützen.

Josef: In Träumen spricht die Seele zu uns

Träume spielten in meiner Behandlung eine große Rolle. Sie begleiten mich ein Leben lang. Ich träumte immer schon gerne und fand meine Träume unterhaltsam. Manchmal erinnere ich mich mehr an sie, mal weniger. Doch wenn ich meine Träume erlebt habe, waren sie meist wie real, wie eine eigene Wirklichkeit mit eigenen Gesetzen, ein zweites Leben, das man auch lebt. In der Analyse bekamen Träume eine neue Dimension. Sie waren nunmehr nicht mehr nur Einblicke in eine andere Welt, die einen erfreuten, entspannten oder zum Nachdenken anregten. Nein, sie wurden durch ihre Deutung ein Schlüssel zum Unbewussten. Ich lernte, dass sich in Träumen Wünsche, Ängste, auch Urängste, das heißt ganz alte Ängste, darstellen. Ich lernte außerdem, dass jede Figur, jedes empfundene Gefühl in meinen Träumen ein Teil von mir selbst ist, der sich auf diese Weise genauer und klarer anschauen lässt, als durch Gespräche in der Realität erfahrbar würde. Das im Traum Dargestellte sucht geradezu nach einer Deutung. Hier spricht die Seele zu uns. Sie hofft, verstanden zu werden, damit wir in uns Ansätze zur Veränderung finden. Vor allem in Bereichen, in denen wir in der Realität den Blick dafür verloren haben. Räume unserer Seele werden offenbar, in denen noch einiges zu tun ist, in welchen wir uns Aufgaben stellen sollten. Wir neigen eher dazu das, was uns belastet und uns einmal sehr weh getan hat, zu verdrängen, zu verschütten und ganz tief zu vergraben. Doch es wird immer seinen Weg nach oben finden, ob wir uns diesen Belastungen stellen oder nicht. Wenn wir es nicht tun, kann es sein, dass das Unaufgearbeitete in uns gärt und sich nach oben arbeitet. Wir können es dann nicht mehr erkennen. Meine Neurosen, meine Ängste, die mit dem eigentlichen Auslöser nichts mehr zu tun haben – wie zum Beispiel meine Angst vor Spinnen –, haben in Träumen zu mir gesprochen. Das waren Chancen, mich zu verändern. Unsere Seele will, dass wir diese

Chance nutzen, denn sie sucht ihr »Heil«. Sie will sich weiterentwickeln, immer wieder von Neuem. Wir können mit unserer Seele Kontakt aufnehmen, wenn wir zur Ruhe kommen, wenn wir auf unsere innere Stimme zu hören lernen, auf eine Stimme, die jeder hat und die weiß, was zu tun ist. Der Mensch hat weit mehr Möglichkeiten, die Welt zu erfahren, als er sich bewusst ist. Ein »ursprünglicher Zugang« zur Seele ist der Schlüssel zum inneren Frieden und gibt Möglichkeiten, der eigenen Bestimmung zu folgen. Das Schöne an Träumen ist – wenn man gelernt hat, mit ihnen umzugehen – sehen zu können, wo man in seiner Entwicklung wirklich steht, in welchen Bereichen man sich weiterentwickelt hat und wo noch etwas zu tun ist. Ich träume gerne.

Ein Kind geblieben
Ein Kind geblieben
und doch vertrieben
aus jenem Reich
welches unerreicht.

Doch was uns bleibt
ist teilen mit
und schaffen das
was Kindheit weckt.

Josef L.

Entwicklungsprozesse in Träumen

Um die inneren Entwicklungsprozesse Elviras, Magdalenas und Josefs zu veranschaulichen, fasse ich nun die bedeutsamsten der in den Behandlungsberichten dargestellten Träume zusammen. Sie vermitteln so einen Einblick in die inhaltliche Vielfalt von Traumserien und machen sichtbar, wie sich die jeweiligen Familienereignisse in Träumen spiegeln und damit bearbeitbar werden.

In Elviras »Nonnentraum« entfaltet sich ein wichtiges Familienthema. »Wenn ich lebendig bin und meine innersten Geheimnisse zeige, sterbe ich. Frau- und Muttersein ist lebensbedrohlich.« Der Traum, in dem Elvira mit einer Audiokassette, auf der eine wichtige Lebensgeschichte gespeichert ist, vom Dach eines Hauses springt und zu sterben befürchtet, offenbart, wie schwer sie an ihrer Familiengeschichte zu tragen hat und wie diese sie gefährdet. Die Frage: »Können Sie mich mit meiner Familiengeschichte auffangen?«, richtet sich an mich. Auch in weiteren Träumen erkennt sie, dass sich von der Mutter übernommene Muster in ihrer Biographie wiederholen. Sie begreift auch, wie lange das Tabu der Ermordung ihrer Großtante Anna wie ein Schatten über ihrer Großfamilie lag und wie stark es in ihr eigenes Leben eindrang. Im Traum von der auseinanderbrechenden Wohngemeinschaft erkennt Elvira, dass sie das alte Familiengebot, die eigenen Wahrnehmungen zuzudecken und nicht danach zu handeln, durchbrechen möchte. Hier thematisiert sie die Bearbeitung ihrer blinden Flecken im therapeutischen Prozess. In Identifikation mit mir entwickelt sie nun viele psychische Fähigkeiten, etwa ihren eigenen Raum zu schaffen und zu schützen. Diesen eigenen Raum stellt sie in weiteren Träumen als Zelt, Container und Nest bildlich dar. In unserer Beziehung wird ihr auch bewusst, wie schwer es für sie war und ist, sich selbst, aber auch ihren Mann zu erkennen. Durch unsere Gespräche begreift Elvira, dass sie Belastungen in ihrer Ehe – wie früher in ihrem Elternhaus – zeitweise verleugnet. Das Bearbeiten ihrer Tendenz, die Realität zu verharmlosen, ermöglicht ihr, die Konflikte ihrer ehelichen Beziehung deutlicher und kontinuierlicher wahrzunehmen. Das offenbart sich in mehreren Träumen, etwa dem von Katze und Vogel, von der Scheidung der Freundin und vom Tiger. Das Bearbeiten ihrer zeitweise verzerrten Wahrnehmung und ihrer verdrängten Gefühle führt dazu, dass sie ihre Autonomie stärker entwickeln kann. Sie träumt nun von wachsenden Pflanzen und neuen Kleidern – innere Bilder für ihre sich entfaltende reife Identität. Im Traum vom Tanztherapeuten, der über Klänge und Vibrationen Kontakt aufnimmt, offenbaren sich veränderte Kontaktwünsche zu Männern. Hier zeigt sich Elviras Verlangen nach einer lebendigen, einfühlsamen Bindung. Ein Gehalten- und Berührtwerden erfährt sie auch in unserer therapeutischen Beziehung. Ihre wachsende Klarheit und innere Stärke ermöglichen ihr – wie im Flusstraum und im Traum von der Reinigung der Rohre im Keller dargestellt –, viele anstehende

Lebensaufgaben mit Hilfe von anderen konstruktiv zu bewältigen. Von aufgebürdeten familiären Belastungen kann sie sich innerlich mehr distanzieren, so dass sie nun die Anforderungen, die die aktuelle Realität an sie stellt, in vielerlei Hinsicht besser meistert.

Vergleicht man diese Träume, zeigen sich deutlich Elviras seelische Entwicklung und ihre sich verändernde innere Welt. Sie verarbeitet viele familiäre Erlebnisse wie in einem inneren Reinigungsprozess und distanziert sich dadurch von ihnen. Sie bricht das familiäre Tabu, Belastendes auszusprechen. Als erwachsene Frau kämpft sie im Tigertraum mit ihrem Gegenüber. Intensiv bearbeitet sie bisher vernebelte Beziehungen und verleugnete familiäre Themen. Schließlich gelangt sie durch unseren therapeutischen Reinigungsprozess zu blockierten Gefühlen. Viele ihrer Fähigkeiten kommen nun wieder in Fluss. Nachdem sich familiäre Vernebelungen gelichtet haben, sieht sie ihren zukünftigen Weg klarer. Die Fähigkeit zum Dialog, die sie in unserer therapeutischen Beziehung entfaltet hat, kann sie nun auch mit anderen Familienmitgliedern leben.

In Magdalenas »Göttertraum« spiegeln sich die seelischen Qualen, denen sie bereits in ihrer Kindheit ausgesetzt war. Die grausamen Götter verkörpern die Schattenseiten ihrer Eltern. Der Traum verbildlicht auch Magdalenas späteren Lebensweg, der von Heimatlosigkeit, zahlreichen Umzügen, immer wieder zerbrechenden, belastenden Beziehungen und kaum zu bewältigenden Aufgaben und Konflikten geprägt war. Wie im Traum so musste sie sich auch in der Realität mit unlösbaren Aufgaben auseinandersetzen. Die zentrale Frage, die der Traum formuliert – »Warum fügen uns die Götter so viel Leid zu?« –, spielt aber auch auf das Schicksal der Eltern und Großeltern Magdalenas an.

Unsere wachsende therapeutische Beziehung ermöglicht es ihr, das Ende ihres Göttertraums zu erinnern, in welchem eine Göttin ihren verletzten, blutenden Körper einhüllt, so dass er heilt. Schließlich zeigt ihr die Göttin ein moosbedecktes Steingrab. Durch meine Deutung des Traumes wird ihr bewusst, dass ihr das Grab der Schwester gezeigt wird. Das Familientabu verlangte, über Rosario und ihren Tod nicht zu sprechen. Leid und Verleugnungen versteinerten Magdalenas Seele. Erst jetzt kann sie sich in einem monatelangen, intensiven Trauerprozess innerlich von ihrer verstorbenen Schwester verabschieden. Sie träumt nun von einem Kinderfriedhof, der von weißen Engeln beschützt wird. Die Trauerarbeit bewirkt in Magdalena die innere Trennung von ihrer Schwester, das Lösen innerer Blockaden und damit eine wachsende Individuation.

Dies symbolisiert eine Serie von Bücherträumen, die um verschiedene Biographien kreisen. Schließlich träumt sie, dass sie ihr Wissen für ihre Tochter niederschreiben muss. Zugrunde liegt der tiefe Wunsch, ihre Erkenntnisse über familiäre Zusammenhänge und Verstrickungen festzuhalten und an die eigenen Kinder weiterzugeben, damit sich das Leid nicht schicksalhaft über Generationen wiederholt.

Magdalena träumt dann von einem gefährlichen Hund – ihrer Schattenseite und der Schattenseite ihrer Mutter. Inzwischen deutet sie dieses Bild selbst: »Meine Mutter hielt mich tatsächlich in den Klauen, dann meine Sucht.« Veranlasst durch diese Erkenntnis hört sie schlagartig das Rauchen auf und stellt ihren Alkoholkonsum weitgehend ein. Es zeigt sich, wie ernst Magdalena ihre Träume nimmt. Unsere therapeutische Beziehung und die gemeinsame Arbeit mit Träumen bewirken, dass sie deren Botschaft trotz ihrer Suchttendenzen nachhaltig umsetzen kann. In weiteren Träumen verbildlicht sie Qualen: »Ein Mann, dessen Bauch geöffnet ist«, »Der Mann bringt uns um!«, »Männer schneiden einem lebenden Schwein den Bauch auf und die Beine ab.« Magdalena erinnert sich an einen Verkehrsunfall ihres Vaters, der in der Folge fast an einer Bauchverletzung gestorben wäre. Angeregt durch die Traumbilder thematisiert sie auch erstmals detaillierter die quälende Beziehung zu ihrem ehemaligen Freund, der drohte, sie umzubringen. Scham- und angstbesetzte Schicksalsschläge werden dem Tabu entrissen.

Das In-Bezug-Setzen dieser Träume mit tragischen lebensgeschichtlichen Ereignissen und deren Bearbeitung verhelfen Magdalena zu positiven Erinnerungen, vor allem an ihre geliebte Großmutter. Diese waren bisher von der Familiengeschichte überschattet und ihr daher nicht zugänglich. In einem Traum bekommt sie von der Oma eine neue Blumenschürze: »Das war wie ein Geheimnis, ein Schatz, und ich würde gerne diesen Schutzmantel meiner Tochter Maria geben.« In einem weiteren schenkt ihr die Großmutter einen Engel. Dann träumt sie von ihren Milch spendenden Brüsten und von Begegnungen mit warmherzigen Menschen. Ihre weiblichen und mütterlichen Fähigkeiten entfalten sich. In weiteren Träumen gelingt es ihr, ihre Tochter wiederzufinden und sie zu schützen. Ihren Kindern begegnet sie nun liebevoller. Magdalena findet in Träumen ihre guten inneren Elternbilder und ihren inneren Weisen, der auch ihre Therapeutin verkörpert. Dieser bestärkt sie darin, sich auf ihre Intuition zu verlassen. In den folgenden Träumen verbindet sie ihre weiblichen und männlichen Wesenszüge sowie verschiedene Persönlichkeitsanteile in sich. Schließlich findet sie die Liebe bei ihren Wurzeln und begegnet in ihren Träumen meist hilfreichen Wesen. Hier spiegelt sich ihre verinnerlichte therapeutische Beziehung.

Josef kennt weder seine Eltern noch die Ursachen der Trennung von ihnen. Trotz dieser schwierigen Voraussetzungen bekommen wir in der Therapie und durch Josefs Träume Zugang zu seinen inneren Bildern und seinem Seelenleben. Wenn er träumt, dass er sich mit dem Wal unter Wasser sicher fühlt, symbolisiert er – so vermuten wir – seine positiven frühkindlichen Bindungserfahrungen sowie unsere therapeutische Beziehung. Deshalb vermitteln mir seine Walträume zu Therapiebeginn Hoffnung. »Dann aber kommt plötzlich das ganz mächtige, böse Dunkle.« Dieses Traumbild lässt die Katastrophen erahnen, die Josef erlebt hat: den Verlust seiner leiblichen Eltern und die zahlreichen frühkindlichen Beziehungsabbrüche. Die Tintenfische, die Riesenkraken, die Spinnen und Schlangen, die ihn in weiteren Träumen angreifen, spiegeln seine seelische Not und Hilflosigkeit. In den gefährlichen, übermächtigen Tieren lässt sich die von Katastrophen erfüllte innere Welt eines ausgesetzten Babys erahnen. Welch lebensbedrohliche Gefühle und welch übermächtige Phantasien muss das Verlassenwerden durch seine Eltern in Josef ausgelöst haben! Die aus diesen Erfahrungen resultierenden Ängste und inneren Vorstellungen wurden durch den plötzlichen Tod seiner Adoptivmutter wieder in ihm lebendig. Noch heute spürt er sie – wie in all seinen nahen Beziehungen – auch in der Therapie. Josefs Träume lassen mich sein Leid nachfühlen, so dass er sich von mir verstanden fühlt und Vertrauen fasst. Wir sprechen über seine seelischen Verwundungen, seine Ängste und Projektionen, mit der Folge, dass er sein Umfeld als weniger bedrohlich erlebt. Durch das Bearbeiten seiner frühkindlichen Trennungen und Belastungen setzt sich Josef realitätsnäher damit auseinander und beginnt sie zu bewältigen. In seinen Träumen findet er Zugang zu seinen bisher verdrängten Erlebnissen. Schließlich gelingt es ihm, sich in einer Serie von Träumen innerlich mit seinen Trennungen auseinanderzusetzen. Er kann mit mir darüber sprechen und darüber trauern. Nun kann er auch die leiblichen Eltern und die Adoptiveltern innerlich stärker unterscheiden und die verschiedenen Trennungserfahrungen differenzieren. Das zeigt sich in dem Traum, in welchem er von einem potenten Mann, seinem Adoptivvater, abgeholt wird und alles gut verläuft. Seine inneren Elternbilder verbildlichen sich zu Therapiebeginn in bedrohlichen Ungeheuern. Im Verlauf der Behandlung verlieren sie zunehmend ihren Schrecken. Der Traum, in dem Josef aus dem Meerwasser mit einer Leiter ans Licht gelangt, veranschaulicht, wie sich sein Bewusstsein verändert. Schließlich träumt Josef von verlässlichen Menschen. Die Voraussetzung für diese Entwicklung liegt in der einfühlsamen therapeutischen Beziehung, die Josef den nötigen Halt und neue, positive Bindungserfahrungen vermittelt. Er erkennt, dass viele Frauen ihn mögen. Schließlich träumt er, dass eine Freundin ihn im Beisein seiner Mutter küsst. In einem weiteren Traum begegnet Josef einer Lichterscheinung und wird ein demütiger Mann. Wie Elvira und Magdalena kann er viele frühkindliche Verletzungen bearbeiten und entwickelt gute innere Elternbilder.

Zu Behandlungsbeginn thematisieren Patientinnen und Patienten häufig Träume, die eigene Erlebnisse mit belastenden Ereignissen ihrer Familiengeschichte verweben. Wie im »Waltraum«, »Göttertraum« und »Nonnentraum« spiegeln und vermischen sich familiäre Schicksalsschläge mit eigenen seelischen Verletzungen. Deshalb können sie von den Träumenden anfangs kaum selbst zugeordnet werden. Erst das Sortieren zu den jeweiligen Lebensgeschichten der einzelnen Familienmitglieder klärt diese vernebelten Familienträume, so dass sich nun deutlicher Traumbilder mit eigenen Lebensthemen entwickeln. Aus Albträumen werden farbigere und individuellere Träume, geprägt von achtsameren familiären Beziehungen. Diese inneren Bilder beeinflussen auch unsere Einstellungen und Verhaltensweisen.

Infolge der Therapie zeigen sich in Träumen auch viele innerhalb der Familie gewachsene Fähigkeiten und Bewältigungsmöglichkeiten, die sich von Generation zu Generation vererben. Manchmal erscheinen den Patienten im Traum sogar Ahnen, wie Elviras und Magdalenas Großmütter, und vermitteln wichtige Erkenntnisse und Lösungen, die zu Heilungs-, Reifungs- und Individuationsprozessen führen. Schließlich lernen Patienten, ihre innere Vorstellungs- und Beziehungswelt von der äußeren Realität deutlicher zu unterscheiden.

Die Behandlungsberichte zeigen, dass sich die Themen von Traumserien wandeln, wenn die zugrunde liegenden Konflikte bearbeitet oder ungeliebte Persönlichkeitszüge erkannt werden. Deutlich werden derartige Veränderungsprozesse zum Beispiel in den Trennungsträumen Josefs, in den Friedhofs- und Bücherträumen Magdalenas oder in Elviras Träumen über die Beziehung zu ihrem Mann.

3 Therapeutische Vorgehensweise – Träume im therapeutischen Gespräch entschlüsseln

Einige theoretische Grundlagen – die freie Assoziation, die Deutung auf der Objekt- und Subjektstufenebene, das Erkennen von Verdichtungen sowie das Untersuchen innerer Beziehungsgeflechte – habe ich im ersten Kapitel geschildert.

Nur wer einen Zugang zu seinen Träumen hat, sich also an sie erinnert, kann auch mit ihnen arbeiten. Deshalb empfehle ich meinen Patientinnen und Patienten, sich nach dem Aufwachen Zeit zu nehmen, um ihre Träume zu vergegenwärtigen. Auch kurze Traumbilder, Albträume und scheinbar verworrene Träume können wichtig sein. Es ist hilfreich, Träume sowie die durch sie ausgelösten Gedanken und Erkenntnisse aufzuschreiben. Die schriftliche Dokumentation ermöglicht unter anderem, mehrere Träume zu erfassen und zu betrachten. In solchen Traumserien streben verdrängte und ungelöste Themen immer mehr ans Licht des Bewusstseins, sie geben Hinweise und verbildlichen Entwicklungen. Auch dadurch kann man zu vergessenen Erlebnissen und Familiengeheimnissen gelangen, zu denen man bisher keinen Zugang hatte. So können uns Träume helfen, Konflikte, Ängste, Depressionen oder seelische Versteinerungen zu verstehen und Beschwerden zu lindern. Es ist deshalb ratsam, ihnen Aufmerksamkeit, Raum und Zeit zu schenken. Hierfür ist neben Neugier das Vertrauen notwendig, dass sie Bedeutung und damit heilende und wegweisende Funktion haben.

Ich stelle mir die Traumszenen, die Patienten während der Behandlungsstunden erzählen, bildlich vor und versetze mich in sie hinein. Meine Einfälle, Gefühle und Fragen teile ich mit. Im Gespräch entstehen dann neue Impulse. Während der Behandlung helfen die verschiedenen Perspektiven, die vielschichtige Bedeutung von Träumen zu erfassen. Gewöhnlich klären wir zuerst, durch welche aktuellen Situationen der Traum ausgelöst wurde. Manche Träume geben auch Anlass, nach Erinnerungen und Bildern zur Lebensgeschichte zu forschen. Andere geben Hinweise auf die Geschichte der Eltern. Nimmt man die unterschiedlichen Zeitebenen eines Traums wahr und bezieht sie in die Bearbeitung mit ein, können zahlreiche eigene und »ererbte« Konflikte, Krankheiten, Beziehungsmuster und Lebensentwürfe erkannt werden. Auch belastende Erlebnisse, die aufgrund von Familientabus lange verschwiegen wurden, können Träume verbildlichen. Sie werden durch die Traumerzählung ausgesprochen, was damit verbundene Ängste, Scham- und Schuldgefühle lindert.

Zur weiteren Illustration meiner Arbeit und zur Anregung greife ich erneut auf einen Traum Magdalenas zurück, der ein wichtiges familiäres Beziehungsmuster verdeutlicht. Sie geht darin mit ihren Töchtern Maria und Carlotta über eine Brücke. Viele Flüchtlinge kommen mit ihnen. Plötzlich verliert sie Maria und betet, sie wiederzufinden. Magdalena kehrt um und trifft auf ihre weinende Tochter, die schreckliche Angst hat. Sie nimmt sie in den Arm und tröstet sie. Die beiden laufen dann über die Brücke, finden Carlotta und können wieder miteinander lachen. Magdalenas Assoziationen und Einfälle zu diesem Traum betreffen:

- Die aktuelle familiäre Situation: Magdalena erzählt: »Ich habe Maria in letzter Zeit innerlich verloren. Manchmal ist sie auch wirklich weggelaufen. Durch die Therapie bei Ihnen und die Hilfe der Kindertherapeutin meiner Tochter bin ich ihr innerlich wieder nahe gekommen.« Ich frage Magdalena, wann ihre Tochter ihr verloren ging, und bitte sie, Situationen hierzu zu schildern. Sie antwortet: »Als ich mich von meinem Mann scheiden ließ, war ich mit anderen Dingen beschäftigt. Da habe ich sie innerlich alleine gelassen.«
- Die Biographie: Magdalena hat ihre Eltern oft vermisst und fühlte sich einsam. Als ihre jüngere Schwester tödlich verunglückt war, zog sich die Mutter innerlich völlig zurück. Auch nach dem schweren Verkehrsunfall des Vaters hatte sie keine Zeit für ihre Kinder, da sie für die finanzielle Existenz der Familie sorgen musste. Zudem war sie psychisch krank. In ihrem

Traum verbildlicht Magdalena ihre Einsamkeit. Sie thematisiert auch ihren wiederholten Aufbruch in neue Welten sowie die häufigen Trennungen infolge der zahlreichen Umzüge.
- Die Ursprungsfamilie: Auch Magdalenas Eltern trennten sich für längere Zeit von ihrer Großfamilie und ihrer Heimat. Der Strom der Flüchtlinge erinnert an deren Migration und an die Rückkehr nach Spanien.

Das Erkunden von Magdalenas aktueller Lebenssituation, ihrer eigenen Biographie und der Geschichte ihrer Ursprungsfamilie erschließt diesen Traum in vielerlei Hinsicht. Indem er bedrohliche Erlebnisse Magdalenas, ihrer Eltern und ihrer Tochter gleichzeitig verbildlicht, lässt er die Träumende die Verwobenheiten von Trennungsschicksalen und Beziehungsmustern erkennen. Er deutet darauf hin, dass sich die Ängste, »das Leben ist gefährlich«, »man geht leicht verloren«, »man ist ungeschützt«, in den Generationen wiederholen und übertragen: Im Traum kann Magdalenas Tochter Maria sich selbst darstellen, aber auch Magdalena als junges Mädchen. Magdalena spürt dadurch die Einsamkeit ihrer Tochter, wird aber auch mit ihrer eigenen Einsamkeit konfrontiert. Ihre Angst ist: »Maria könnte mir verloren gehen, wie ich meiner Mutter verloren ging.« Verschiedene Personen wie Magdalena, ihre Kinder, aber auch ihre Mutter können sich also im Traum zu einer einzigen verdichten. Das Bearbeiten dieser Verdichtung lässt Magdalena erfahren, dass sie ihr eigenes Erleben als Kind mit dem ihrer Tochter und ihrer Mutter vermischt. Durch die Erkenntnis, »hier wiederholt sich mein Schicksal an meiner Tochter«, begreift sie die Gefahr und kann ihre Töchter besser davor schützen.

Magdalenas Heilungsprozess zeigt sich in der verbesserten Beziehung zu Maria: Sie kann ihre Tochter häufiger umarmen, öfter mit ihr reden und lachen. Hinsichtlich ihrer Biographie weist der Traum auf die Suche und das Wiederauffinden ihres verloren gegangenen inneren Kindes hin. Magdalena nimmt aber nun auch die belastenden Erlebnisse ihrer Eltern deutlicher wahr.

Das Beispiel veranschaulicht, wie diese Bearbeitung eines

Traums Ereignisse und Gefühle den jeweiligen Generationen zuordnet. Eine Fülle von Fragen hat Magdalena geholfen, ihren Traum hinsichtlich verschiedener Zeit-, Gefühls- und Beziehungsebenen zu verstehen. Einige davon greife ich heraus:

- Fragen zur aktuellen Situation: Welche Erfahrungen der letzten Tage spiegeln sich im vorliegenden Traum? Was fällt Ihnen zu den einzelnen Personen ein? Erinnern Sie Bilder, Handlungen, Personen Ihres Traumes an andere nahestehende Personen? Welche Gefühle und Körperempfindungen lösen die Traumbilder in Ihnen aus? Haben Sie Angst, dass Sie mir verloren gehen? Haben Sie Angst, dass ich Ihnen verloren gehe? Was sagt Ihnen der Traum zu unserer therapeutischen Beziehung? Was fällt Ihnen zu Fluss und Brücke ein? Warum geht Ihnen gerade Maria verloren? Was teilt Ihnen dieser Traum zu Ihrer Beziehung zu Maria mit und welche Lösungen zeigt er auf? Wie ist zurzeit die Beziehung zu Ihrer Tochter? Was verbindet Sie mit ihr? Warum ging sie Ihnen innerlich verloren? Wann haben Sie Maria wieder gefunden? Warum haben Sie zu Ihrer anderen Tochter mehr Vertrauen?
- Fragen zur Biographie: Erinnert Sie dieser Traum an Erlebnisse aus Ihrer eigenen Lebensgeschichte? Erinnern Sie Bilder, Handlungen, Personen Ihres Traumes an Familienmitglieder? Wie war die Beziehung zu Ihren Eltern? An welche Trennungssituationen erinnert Sie der Traum? Wann gingen Sie ihrer Mutter verloren? Hat sie Sie gesucht? Was bedeuten die Ströme von Menschen?
- Fragen zur Ursprungsfamilie: Gibt es Verbindungen zur Lebensgeschichte Ihrer Vorfahren? Spiegelt sich in diesem Traum die Beziehung Ihrer Eltern? Erinnert Sie diese Traumszene an Ereignisse oder Schicksalsschläge in der Lebensgeschichte Ihrer Mutter oder Ihres Vaters? Welche Traumbilder passen sowohl zu Ihrem Leben als auch zu dem Ihrer Eltern? Wo zeigen sich Ähnlichkeiten, wo Unterschiede? Ist es möglich, dass Bilder und Szenen dieses Traums eher zur Geschichte Ihrer Mutter oder Ihres Vaters gehören? Wo und wie ist das Leben Ihrer Eltern in Sie eingedrungen? Was ist jetzt anders?

Magdalena und ich haben uns mit dem genannten Traum wie mit allen anderen wichtigen Träumen über längere Zeit auseinandergesetzt. Hier habe ich nur einige bedeutsame familiäre Zusammenhänge herausgegriffen.

Diese komplexe Arbeit mit Träumen lässt die Verwobenheiten zwischen der aktuellen Lebenssituation von Patientinnen und Patienten, ihrer Biographie und ihrer Familiengeschichte erkennen. Einige Anregungen zum Verständnis dieses komplexen Vorgangs haben die Behandlungsberichte gegeben.

Therapeutinnen und Therapeuten erwerben die Fähigkeit zur psychoanalytisch orientierten Arbeit mit Träumen im Rahmen einer langjährigen Ausbildung. Darin befassen sie sich mit dem Wesen der Träume und den Möglichkeiten, diese zu deuten und zu bearbeiten. In einer Lehranalyse beschäftigen sie sich auch tiefgreifend mit der eigenen Familiengeschichte, familiären Tabus und blinden Flecken, in Supervisionen und Arbeitsgruppen tauschen sie ihre therapeutischen Erfahrungen aus.

Um zu erkennen, ob sich in Träumen die Familiengeschichte spiegelt, ist es notwendig, dass sich Therapeuten und Patienten intensiv damit beschäftigen. Das Aufschreiben von Träumen, das wiederholte Erkunden von Behandlungsverläufen in Supervisionen, das Betrachten von Themen, die sich in Traumserien wiederholen, erleichtern das Erfassen darin enthaltener familiärer Botschaften. Es gelingt dann, die mannigfaltigen Mitteilungen, die die Traumbilder transportieren, im Hinblick auf die einzelnen Generationen zuzuordnen. Diese Arbeit mit Träumen ist zeitaufwendig. Sie erfordert, Patiententräumen und ihrer Bearbeitung auch außerhalb der Behandlungsstunden viel Raum zu geben. Da Patienten häufig belastende Erlebnisse mehrerer Familienmitglieder in sich tragen, sind Therapeuten mit dem Leid, der Wucht und Tragik mehrerer Schicksale konfrontiert und müssen dies mit den Patienten verarbeiten. Es ist wichtig, dass Therapeuten von den Träumen ihrer Patienten, die Bilder, Gefühle und Ereignisse aus mehreren Generationen symbolisieren, nicht überfordert werden. Nur dann können sie Inhalte gemeinsam mit dem Patienten sortieren, verarbeiten und seine seelische Entwicklung sowie die seiner Familie anregen. Damit Therapeuten diese Aufgaben erfüllen können, ist es erforderlich, dass sie sich regelmäßig in Supervision begeben.

Doch auch von den Patientinnen und Patienten verlangt eine familienorientierte Traumtherapie viel Kraft und Engagement. Manche bekommen erst durch die Therapie Zugang zu ihren Träumen und lernen deren Bedeutung zu entschlüsseln. Erst allmählich können viele von ihnen ihre Trauminhalte mit aktuellen Alltagssituationen und mit Ereignissen ihrer Biographie in Zusammenhang bringen. Es ist hilfreich, wenn Patienten die Biographien der Mitglieder ihrer Ursprungsfamilie kennen und Interesse haben, diese zu erkunden, um sie mit entsprechenden Träumen in Verbindung zu bringen.

Das Entschlüsseln von Träumen kann manchmal sehr beängstigend oder beschämend sein. Es ist schwierig, zum Beispiel eigene Schattenseiten, die in den Träumen thematisiert werden, zu betrachten und auszuhalten. Noch schwerer fällt dies meist in Bezug auf die Familie. Erst wenn sich Patienten im Laufe einer vertrauensvollen psychotherapeutischen Arbeit genügend stabilisiert haben, können sie auch Familientabus, Familiengeheimnisse, Ausblendungen und Verzerrungen hinsichtlich ihrer Familie besser erkennen. Ungeschriebene Gesetze wie das Verbot, über Krankheiten, Ängste, Schuld, Scham und Leid zu sprechen, gibt es in vielen Familien. In der Familie von Elvira beispielsweise wird lange über das Schicksal der Großtante Anna geschwiegen und die Depression ihrer Mutter verharmlost. Später verdrängt sie phasenweise die psychische Krankheit ihres Mannes. Magdalena kann mit niemandem über die Umstände des Unfalltodes ihrer Schwester reden. Und Josef wird seine Adoption lange verschweigen.

Um solche Tabus aufrechtzuerhalten, müssen die eigene Wahrnehmung, die eigenen Gefühle, die eigenen Wünsche, die eigene Wahrheit und die eigene Intuition, die diese Tabus betreffen, weitgehend geopfert werden. Das blockiert die Wahrnehmung der Patienten und damit deren Erkenntnismöglichkeiten. Dies kann seelische Folgen haben, wie Panik, Aggression, Unsicherheit, Ängste und Verwirrungen im Denken und Fühlen. Manche Patienten sind hierdurch in ihrer eigenen Entwicklung so blockiert, dass ihre Identität überschattet wird. In einigen Fällen sind die Familientabus auch für Therapeuten so lähmend, dass wichtige Erkenntnisse und Einfälle hierzu erst außerhalb des therapeutischen Prozesses in der Nachbereitung von Behandlungsstunden auftauchen, wenn das Tabu weniger bedrohlich ist.

Wenn Patientinnen und Patienten innerlich so blockiert sind, dass sie sich von ihren Traumbildern und Trauminhalten kaum berühren lassen können, ist es notwendig, dass Therapeuten sich gefühlsmäßig öffnen. Wenn Traumbilder in ihnen Betroffenheit, Freude oder Trauer auslösen, ist es wichtig, diese Gefühle den Patienten, die sie noch nicht bei sich spüren können, mitzuteilen. Dies eröffnet möglicherweise die Chance, Versteinerungen und Blockaden zu lösen.

Die familienorientierte Arbeit mit Träumen verlangt, mehrere Interpretationsebenen gleichzeitig zu berücksichtigen und stets erneut in Frage zu stellen. Das Einbeziehen von Biographie und Familiengeschichte, also die Deutung der Träume hinsichtlich verschiedener Zeitebenen, stellt große Anforderungen an Therapeuten und Patienten. Deshalb ist es meiner Erfahrung nach förderlich, die kreativen Fähigkeiten und Neigungen von Patienten einzubeziehen. Wenn sie sich für Meditation, die Imagination von Träumen, deren schriftliche und bildnerische Darstellung interessieren, empfiehlt es sich, diese Interessen ernst zu nehmen, zu unterstützen und in die Therapie zu integrieren. Die Offenheit für verschiedene Wege in der Therapie vertieft die familienorientierte Traumarbeit. Im folgenden Kapitel möchte ich einige Verfahren beschreiben, die meinen Patienten geholfen haben und unsere Arbeit mit Träumen erweitert und ergänzt haben.

4 Vertiefende Möglichkeiten, mit Träumen umzugehen

Bereits C.G. Jung hat empfohlen, die kreativen Fähigkeiten und Neigungen der Patientinnen und Patienten in die Behandlung mit einzubeziehen. Es gibt viele Möglichkeiten, die therapeutischen Gespräche zu bereichern und zu unterstützen. Einige von ihnen, das schriftliche Festhalten von Träumen in einem Traumbuch und deren bildnerisches Gestalten, die Meditation, die Imagination, die aktive Imagination und die Familienrekonstruktion möchte ich nun den Leserinnen und Lesern vorstellen. Ich beschränke mich dabei vor allem darauf, Erfahrungen aus meiner Praxis zu vermitteln. Eine erschöpfende Darstellung der genannten Methoden würde den Rahmen dieses Buches sprengen.

Elvira, Magdalena und Josef schreiben ein Traumbuch. Sie halten darin wichtige Träume und Gedanken fest. So beschäftigen sie sich auch außerhalb der Therapiestunden mit ihren Träumen und versuchen Lösungen für die zugrunde liegenden Konflikte zu finden. Dies geschieht zum Beispiel durch das Malen vieler ihrer Träume. Magdalena und Elvira meditieren zudem regelmäßig, was sich für die Therapie als sehr bereichernd erweist. So gestalten alle drei ihren therapeutischen Prozess aktiv und selbstverantwortlich mit. Dieses Engagement verkürzt die Therapiedauer natürlich erheblich.

Das Traumbuch

Magdalena schreibt während der Therapie regelmäßig ihre Träume und wichtigen Erkenntnisse nieder. Sie schildert ihre Erfahrungen mit dem Traumbuch: »Wenn ich nach dem Aufwachen meinen Traum aufschreibe, bin ich wieder mitten in der anderen

Welt, ich sehe, fühle und erlebe alles noch einmal. Beim Schreiben wandern die Szenen und Gefühle aus einer undefinierbaren, unbestimmten Ebene – der inneren Welt – auf eine andere, auf das Papier, auf eine reale Ebene. Hier wird der Traum begrenzt. Er bekommt Farben und Namen. Die Stimmen erlangen eine Tiefe, die Dialoge einen Rhythmus. Durch das Aufschreiben entstehen Konturen. Der Traum wird dadurch real, aber gleichzeitig entfremdet er sich von mir, damit ich ihn so gut wie möglich wiedergeben kann. Ich muss ihn von außen betrachten wie ein Gast oder ein Zuschauer. ›Ich muss eine Zusammenfassung über die Lehre von der Alchemie schreiben‹, habe ich einmal im Traum gesagt. Seitdem schildere ich aufmerksam die Geschehnisse der Nacht. Meine Gedanken, meine Gefühle und meine Wünsche füge ich hinzu. Ich male Bilder dazu, aus Zeitungen schneide ich Artikel aus, aus Büchern fotokopiere ich Seiten, Zitate. Ich sammle alles, was mir in die Hände fällt, wenn ich denke, es hat mit dem Thema meines Traumes etwas zu tun. So gesehen vervollständige ich meine Träume. Manche sind glasklar, andere ein Rätsel. Inzwischen schätze ich es, in meinem Traumbuch zurückzublättern und wieder andere Aspekte, andere Perspektiven zu gewinnen und meine Aufmerksamkeit sowie mein Verständnis zu erweitern.«

Magdalena fasst hier zusammen, welche Bedeutung es für sie hat, wenn sie Träume in Worte fasst: Sie sieht, fühlt und erlebt ihren Traum noch einmal. Das Schreiben schafft Struktur und sie kann sich hierdurch innerlich von diesen Bildern distanzieren. Das wirkt vor allem bei Albträumen sehr entlastend. Beim Schreiben erinnert sich Magdalena auch an vergangene Erlebnisse und arbeitet sie nochmals durch. Vor allem mit dem Tod ihrer Schwester befasst sie sich in vielen Träumen und Texten. Beim wiederholten Überarbeiten ihrer Aufzeichnungen erkennt sie alte Muster und neue Ausdrucksmöglichkeiten.

Befassen wir uns regelmäßig mit unseren Träumen und vergleichen sie rückblickend, regt das viele tiefe seelische Prozesse an. Außerdem werden durch das Traumbuch Traumserien erkennbar. Der Schreibende erkennt, wie sich Träume innerlich fortsetzen und verändern. Probleme werden darin von mehreren Seiten beleuchtet, Entwicklungslinien, Sinnzusammenhänge und rote Fäden zeichnen sich ab. Das Traumbuch bietet also eine wichtige Möglichkeit, sich unabhängig vom Therapeuten mit Träumen auseinanderzusetzen.

Zusätzlich kann es bereichernd und klärend sein, einen psychischen Lebenslauf, bedeutsame Lebensziele oder Briefe an wichtige Bezugspersonen niederzuschreiben. Jürgen vom Scheidt (2006, S. 102–116) weist darauf hin, dass in der Psychoanalyse und im Schreiben dieselben seelischen Abläufe eine zentrale Rolle spielen, nämlich das »Erinnern, Wiederholen und Durcharbeiten«. Vom Scheidt zufolge ist »Schreiben – als Erinnern – [...] ein Weg in die Tiefe, der sich lernen lässt« (Vom Scheidt, S. 107). Wer sich schreibend mit sich selbst auseinandersetzt, erkennt Wiederholungen, durchschaut wichtige Zusammenhänge und sieht neue Veränderungsmöglichkeiten. Dies hilft auch Elvira, sich selbst schreibend auf der Spur zu bleiben. Sie führt seit ihrem sechzehnten Lebensjahr ein Tagebuch und seit der Therapie kontinuierlich ein Traumbuch. Dies hilft ihr bei ihrem Selbstfindungsprozess. In der Therapie zeigt sich das in neuen Bildern und Inhalten von Träumen.

Bildnerische Darstellung von Träumen

Schon C. G. Jung empfahl Traumbilder zu malen (Jung, 2001), um individuelle Entwicklungsprozesse zu fördern. Diesen kreativen Vorgang möchte ich anhand einiger Bilder Elviras, die im zweiten Kapitel abgedruckt sind, veranschaulichen. Seit Jahrzehnten stellt sie ihre Träume bildnerisch dar. Ihre Bilder ermöglichen uns, die Botschaften ihrer Träume über lange Zeiträume ganz unmittelbar zu erfassen. Die gemeinsamen Einfälle dazu eröffnen uns einen weiteren wichtigen Zugang zu ihrer Erlebniswelt.

Das dunkle und bedrohliche Bild der Nonne (Bild 1) ergänzt und verstärkt die Gefühle, die Elviras Traumerzählung in mir ausgelöst hat. Der Schauer, das Unheimliche, der Tod, die blutende Wunde, all diese Aspekte, die bereits der Traum thematisiert, werden mir nun viel deutlicher. Auch kann ich nun ganz mittelbar erleben, wie die riesige Schattengestalt der Mutter und ihrer Ahninnen Elviras Selbst an den Rand drängt.

Beim gemeinsamen Betrachten des Traumbilds »Eingesponnen im Dunkeln« (Bild 2) fällt Elvira auf, dass die zusammengekrümmte Frau ihrer Mutter ähnlicher sieht als ihr. Durch das Malen und das anschließende Gespräch erfährt Elvira ganz unmittelbar, wie sie mit der Mutter identifiziert ist und wie deren Leben das ihrige eingeengt hat. Ihr wird klar, wie sie diesen Raum nun mit ihrem Mann in seinen depressiven Phasen teilen muss.

Im Bild »Weg aus dem Dunkeln« (Bild 3) grenzen sich die einzelnen Familienmitglieder stärker voneinander ab. Sie sind in verschiedenen Räumen, durch Wände voneinander getrennt, dargestellt. Elvira malt einen farbigen Weg aus einer dunklen inneren Welt. In seiner Farbigkeit, Lebendigkeit und differenzierten Gestaltung macht das Bild ihre innere Entwicklung eindrücklich sichtbar.

Als wir das Bild zum Nesttraum (Bild 4) gemeinsam anschauen, fühlt sich Elvira an die Kraft und Stärke ihrer Mutter und Großmutter erinnert. Diese positiven Fähigkeiten kann sie nun erstmals ganz klar wahrnehmen. Nun baut sie sich selbst ein buntes Nest, in welchem sie ihr inneres Kind schützt, einen Raum, in dem Heilung und Reifung möglich sind.

Im Bild zum Traum »Sprung ins Leben« (Bild 6) erkennen wir das vor dreißig Jahren skizzierte Selbstporträt wieder. Nun wird Elviras Entwicklung deutlich: Die Tänzerin, die damals nur schemenhaft angelegt war, ist nun bunt und kräftig konturiert. Vergleicht man die von Elvira gemalten Traumbilder, zeigt sich deutlich der positive Verlauf der Therapie: Die Figuren kommen in Bewegung, werden realitätsnäher und treten zueinander in Beziehung. Dies verbildlicht Elvira auch ganz deutlich in ihrem Bild zum Traum von der Reinigung der Rohre im Keller (Bild 7). Beide Frauen sind bunt gekleidet und aufeinander bezogen, sie reinigen die Rohre vom »Familienschlamm«. Elvira malt diesen Traum auf zwei Blätter. Auf dem zweiten Blatt malt sie eine Quelle und zwei Auffanggefäße. Sie stellt hier einen neugewonnenen gereinigten

Bild 8 von der lichten Tänzerin

Raum dar, einen neuen Bewusstseinsraum. Das Rohr malt sie wie eine Leiter, die den oberen mit dem unteren Bereich verbindet. Die Gefäße sind Symbole für die Weiblichkeit, die Rohre, die Quelle, die Leiter Symbole für die Männlichkeit. Hier zeigt sich Elviras Wunsch nach einer lebendigen Beziehung zu ihrem Mann. Dieser offenbart sich auch im Traum von der lichten Tänzerin und dem dazugehörige Bild.

Elvira träumt von einer weiß gekleideten lichten Frau, Ilse, der Schwägerin ihres Mannes. Obwohl sie von ihrer Krebserkrankung gezeichnet ist, tanzt sie im Kreis mit anderen Menschen und wirkt sehr lebendig. Elvira zeigt mir ihre Zeichnung und erzählt, dass Ilse bis zu ihrem Tod lebensfroh war und in familiären und freundschaftlichen Bindungen geschützt war. Im Gegensatz zum dunklen und bedrohlichen Nonnenbild malt sie nun eine helle, leuchtende Gestalt.

Ilse ist mit ihrem Mann über den Tod hinaus spirituell verbunden. Sie ist eine leuchtende Gestalt. Elvira malt erstmals eine Dreierkonstellation, gleichsam einen Freudentanz. Sie weist darauf hin, dass auch zwischen ihr und ihrem Mann dessen Krankheit stehe und äußert den Wunsch, dass dessen Therapie und Alkoholabstinenz eine heilere Beziehung ermögliche. Das Malen führt sie somit zu einer weiteren Auseinandersetzung mit familiären Themen, verwobenen Beziehungen und verdrängten Gefühlen. In ihren Bildern veranschaulicht sie auch die Entwicklung ihrer Innenwelt und teilt sie mit.

Manche Patienten beschreiben, dass sie beim Malen einem inneren Drang folgen. Die Gestaltung des Bildes geschieht wie nach eigenen, inneren Gesetzen. Sie betonen, wie sich beim Malen innere Blockaden lösen und sie Freude an der eigenen Kreativität entwickeln. Magdalena weist darauf hin, wie wertvoll es für sie ist, ihre Bilder zu Hause weiterzumalen, aufzuhängen und sich auch dort damit zu beschäftigen. Ihr werden hierdurch neue Facetten der gemalten Person deutlich.

Traumbilder, ihre Inhalte, Farben, Formen und Kompositionen, lassen sich wie Träume auf unterschiedlichen Ebenen verstehen und in ihrer Symbolik durch Fragen entschlüsseln. In ihnen können sich wichtige Familienmitglieder ebenso wie eigene Persönlichkeitszüge des Gestalters spiegeln (Riedel und Henzler, 2004, S. 43 f.). Dadurch lassen sich auch Bezüge zu den verschiedenen Generationen herausarbeiten. Besonders aufschlussreich ist die Betrachtung von Traumbildserien. Die Beobachtungen, Hinweise und Interpretationen des Malenden sowie die Ergänzungen des Therapeuten eröffnen unterschiedliche Perspektiven und führen zu neuen Erkenntnissen (Riedel und Henzler, 2004, S. 46). Das Gestalten von Träumen ist eine kreative Methode, die eine Therapie bereichert. Sie ermöglichen es den Patienten, sich nonverbal mitzuteilen und so ganz neue Facetten ihrer Persönlichkeit zu offenbaren.

Familienrekonstruktion: Die eigene Lebensgeschichte ergründen

Wenn eine verworrene Familiengeschichte das Leben von Patienten sehr überschattet, empfiehlt es sich, diese detaillierter zu erforschen. Diese Auseinandersetzung mit dem Leben der Vorfahren lässt das familiäre innere Erbe und Verbindungen zu den Ahnen leichter erkennen.

Ein Familienstammbaum, in den Familien- und Vornamen, Geburtsdaten und -orte, Berufe, Heirats- und Scheidungstermine, Todesfälle wichtiger Bezugspersonen, einschneidende Lebensereignisse wie Krankheiten, uneheliche Geburten, Unfälle, Suizide, Umzüge, Kriege, Migrationen, soziale Ungerechtigkeiten sowie auffällige Beziehungsmuster eingetragen werden, ist dabei hilfreich. Dieser Stammbaum kann unter anderem Überschneidungen wichtiger Lebensdaten und über Generationen wiederholte Schicksalsmuster (Schützenberger, 2002, S. 28 ff.) deutlich machen.

Gespräche mit Angehörigen, Fotos und Briefe von Verstorbenen können einen weiteren wichtigen Beitrag zum Verständnis der Familiengeschichte liefern.

Um die Frage »Welche Bindungen an meine Mutter, Großmutter und Urgroßmutter beeinflussen die Beziehung zu meinem Mann?« zu beantworten, erstellt Elvira einen Familienstammbaum. Sie beginnt mit ihrer Urgroßmutter Elvira, deren Namen sie trägt. Diese hatte sechs Kinder, vier Jungen und zwei Mädchen. Eine Tochter starb als Kind, zwei Söhne fielen im Ersten Weltkrieg. Die Urgroßmutter war das Zentrum ihrer Familie. Sie arbeitete als Krankenpflegerin in einem Haushalt. Ihr Chef, ein jüdischer Arzt, erschoss sich, um nicht von den Nazis abgeholt zu werden. Ihr Mann war krank und erwerbsunfähig. Einer ihrer Söhne litt nach dem Krieg so unter psychischen Belastungen, dass er, obwohl er verheiratet war, zu seiner Mutter zurückkehrte, die sich um ihn kümmerte. Seine Tochter nahm sich mit zehn Jahren das Leben.

Elviras Großeltern mütterlicherseits, Johanna und Luitpold,

hatten drei Kinder. Ein Sohn lebt bis heute in Südamerika, ist verheiratet und hat zwei Töchter. Eine der Töchter, Elviras Tante, bezog nach ihrer Rückkehr aus Südamerika im Alter das Haus ihrer Eltern, in dem nun auch Elvira mit ihrer Familie lebt. Johanna und Charlotte hatten schwierige Schwangerschaften und Geburten. Elviras erste beiden Schwangerschaften waren durch problematische Männerbeziehungen überschattet.

Die Arbeit mit dem Stammbaum strukturiert Elviras Familiengeschichte und lässt dadurch sich über Generationen wiederholende belastende eheliche Beziehungen erkennen. Sie bezeichnet sie deshalb als Reinigungsritual. Auch ich kann mir mit Hilfe des Familienstammbaums viele Verbindungen besser vorstellen und sie einordnen.

In den dadurch angeregten therapeutischen Gesprächen arbeiten wir zum einen die kraft- und energievollen Fähigkeiten ihrer Ahninnen, die ihren Weg meisterten, heraus. Zum anderen beschäftigen wir uns mit den Fragen: »Wie unterscheide ich mich von meinen Ahninnen? Welche Wege stehen mir offen?«. Elvira fällt dazu ein: »Ich bin sehr dankbar, dass ich bei meinen beiden Söhnen normale Schwangerschaften und Geburten hatte. Ich fühle die Kraft und Durchhaltefähigkeit meiner Vorfahrinnen in mir. Sie haben mir viel vererbt und mitgegeben, mich unterstützt und mir Halt gegeben. Ich spüre nun deutlich, dass ich nicht die Verpflichtung habe, mein Leben wie sie zu gestalten, sondern meinen eigenen Weg gehen darf. Mein Leben unterscheidet sich von ihrem. Es ist weniger eingeschränkt.«

Die Familienrekonstruktion macht sich wiederholende Begebenheiten, Familiengeheimnisse, verzerrte Wahrnehmungen und Idealisierungen sichtbar und familiäre Rollen, Regeln und Kommunikationsmuster verstehbarer.

Lesern, die sich intensiver mit der Familienrekonstruktion befassen möchten, empfehle ich Martin Schmidts »Systemische Familienrekonstruktion« (2003) und Ursula Frankes »Systemische Familienaufstellung« (1998). In beiden Büchern erhalten Sie viele Anregungen und praktische Empfehlungen zum Thema.

Meditation

Patientinnen und Patienten, die von äußeren Reizen und alltäglichen, beruflichen und familiären Anforderungen überbeansprucht sind, fällt es häufig schwer, Zugang zu ihren inneren Bildern und ihrer inneren Welt zu bekommen und ihren Träumen Zeit zu schenken. Diesen empfehle ich als Einstieg, sich – wenn möglich täglich – an einen ruhigen Ort zurückzuziehen, auf ihren Atem zu achten und den in der Stille erscheinenden Bildern und Einfällen Raum zu geben (Hark, 2000, S. 154). Manchen Interessierten rate ich zusätzlich, einen Yoga- oder Meditationskurs zu besuchen.

Ich selbst meditiere seit vielen Jahren, wobei ich mich mit den unterschiedlichsten Methoden befasst habe. Dies hat mir in vieler Hinsicht sehr geholfen, sei es bei der Verarbeitung eigener Erlebnisse, bei der Vorbereitung auf Therapiestunden oder bei der Nachbereitung von darin bearbeiteten Träumen. Meiner Erfahrung nach schärft die Meditation die Selbstwahrnehmung und fördert die Durchlässigkeit zwischen den Bewusstseinsebenen. Die Achtsamkeit, Reflexionsfähigkeit und die Sinne verfeinern sich. Durch tägliche Übungen können wir zu größerer Klarheit und zu unserer Wahrheit gelangen. Die Aufmerksamkeit wird auf innere Prozesse gelenkt. Die in der Meditation erlebten Erfahrungen können die Psychotherapie bereichern und die Autonomie von Patienten fördern. Beide Wege, Psychotherapie und Meditation, führen letztlich zum Erkennen des eigenen Wesens, der eigenen Mitte und zu größerer Offenheit.

Hierauf weisen auch viele Theologen und Psychotherapeuten hin. Karlfried Graf Dürckheim übersetzt in seinem Buch »Meditieren – wozu und wie?« den lateinischen Begriff »meditari« mit »in seine Mitte gebracht werden« (Dürckheim, 1976, S. 187). Er beschreibt das Meditieren als Möglichkeit, das eigene Wesen zu erkennen und zu gestalten. Ziel der Meditation ist eine größere seelische Offenheit. Auch der Zen-Meister und spirituelle Lehrer Willigis Jäger stellt in seinen Büchern dar, wie wir durch Sitzen, Atmen und Schweigen auf einen spirituellen Weg gelangen und unser Wesen erfahren können (Jäger, 2000; vgl. Mindell, 1998).

Der Verhaltensmediziner und Meditationslehrer Jon Kabat-Zinn (2006) beschreibt viele Techniken und ihre Auswirkungen. Er hat ein Programm zur Stressbewältigung durch die Praxis der Achtsamkeit entwickelt, das inzwischen weltweit in Kliniken und Gesundheitszentren erfolgreich praktiziert wird. In seinem Buch »Zur Besinnung kommen« beschreibt er die heilsame Kraft der buddhistischen Meditationspraxis, durch die wir unsere Sinne schärfen und zu größerer Achtsamkeit gelangen können.

Magdalena berichtet, dass ihr die regelmäßige tägliche Meditation ergänzend zur Therapie unter anderem ermöglichte, verschiedene Aspekte ihrer Persönlichkeit zu verbinden. Sie beschreibt, dass sie sich in ihren Meditationen mit ihren Schattenseiten, mit ihren ungeliebten, »monströsen« Persönlichkeitszügen auseinandergesetzt hat. Dabei hat sie herausgefunden, dass in ihr ganz gegensätzliche Wesenszüge existieren, wie zum Beispiel das Monster und die Fee. So konnte Magdalena eine innere seelische Zerrissenheit überwinden. Sie schildert ihre positiven Erfahrungen mit der Meditation: »Seit Monaten meditiere ich täglich. Hierdurch gelang es mir, viele Lasten, die in unserer Familie von Generation zu Generation getragen wurden, loszulassen. Schließlich erlebte ich tiefe Trauer und weinte über den Tod meiner Schwester. Ich versöhnte mich auch innerlich mit meiner Mutter.«

Als Beispiel dafür, wie sich Meditation und therapeutische Prozesse gegenseitig befruchten und positiv beeinflussen können, möchte ich an einen Traum Magdalenas erinnern. In ihm bekommt sie von einem Lichtgott eine Lichtkugel geschenkt, die immer wieder ihre Form verändert. In ihrer Meditation erkennt sie in dieser ihre eigene Energie. Es ist interessant, dass Magdalena in der Meditation häufig Bilder aus ihren Träumen und umgekehrt in ihren Träumen Meditationsbilder erscheinen. Wie bei anderen Patienten, die sich auf die Therapie und die Meditation tief einlassen, findet auch bei ihr dieser rege Austausch zwischen Traum- und Meditationsebene statt. Dieser Austausch deutet auf eine verfeinerte Wahrnehmung der verschiedenen Bewusstseinsebenen hin und erleichtert das Verstehen von Träumen.

Elvira meditiert seit Jahrzehnten. Sie beschreibt ähnliche Erfahrungen wie Magdalena: »Wenn ich meditiere, fliegt meine Seele nach Hause, sie kommt dann geordneter und regeneriert zurück.« Eine andere Patientin betont, dass die Meditation auf sie beruhigend wirkt, andererseits aber Ideen anregt. Menschen in ihrem Umfeld könne sie durch diese Praxis differenzierter wahrnehmen.

Imagination und aktive Imagination

Der Meditation ähnlich sind die Imagination und die aktive Imagination, wie sie C. G. Jung beschrieben hat. Die Jungianerin Verena Kast erläutert den Begriff der Imagination als Tätigkeit unserer Vorstellungskraft, um Phantasien und Tagträume anzuregen (2003, S. 12).

Der Imaginierende lässt zum Beispiel Träume oder Traumbilder in sich auftauchen, beobachtet dabei seine Gefühle und versetzt sich in die entstehenden Situationen und Stimmungen hinein. Wie die Meditation ermöglicht die Imagination, sich selbstständig mit Traumbildern auseinanderzusetzen. Die Imaginierenden können eindrucksvolle kreative Prozesse erleben, die sie ihre inneren Beziehungswelten erkennen lassen. Nach Kast treffen wir in der Imagination auf Inhalte, die uns mit der Tiefe unserer Seele verbinden und dadurch eine vertiefte Bearbeitung von Traumbildern zulassen. Man konzentriert sich ihr zu Folge dabei zum Beispiel auf ein eindrucksvolles oder unverständliches Traumbild und beobachtet, welche Veränderungen daran stattfinden. Kast betont vor allem den Aspekt der Hoffnung, der neuen Ideen, des Probehandelns. Denn wir geben in der Imagination unserer Seele Möglichkeiten, sich zu entfalten, erkennen Gefährdungen, begreifen, welche inneren Gestalten hilfreich sind und dass wir unsere innere Welt gestalten können. Die Konzentration auf unsere inneren Bilder kann diese und auch uns selbst wandeln (Kast, 2003, S. 166–169).

Luise Reddemann zufolge kann das Einbeziehen von Imaginationen in die therapeutische Arbeit Patienten stabilisieren und ihre Selbstheilungskräfte unterstützen. In ihrem Buch »Imagination als heilsame Kraft« beschreibt sie viele Übungen, die traumatisierten Patientinnen – aber auch anderen – helfen können, zur inneren Stabilität zu finden. Ausführlich geht sie darauf ein, wie man Achtsamkeit entwickeln und einüben kann. »Achtsam sein bedeutet, gegenwärtig zu sein. Wenn wir gegenwärtig sind, können uns Ängste, die mit Vergangenheit und Zukunft zu tun haben, weniger erreichen. Wir können die Einzigartigkeit eines Augenblicks wahrnehmen, wir können uns selbst bewusster wahrnehmen und schließlich auch andere« (Reddemann, 2004, S. 34).

Bei der aktiven Imagination geht der Imaginierende gleichsam in die inneren Bilder hinein und gestaltet sie weiter. Darin enthaltene Szenen setzt er wie in einem Film innerlich fort. In diesem Sinne kann man Patienten dazu anregen, ihre Träume »weiterzuträumen«, die Dialoge der Traumfiguren weiterzuphantasieren oder zum Beispiel Angstträume zu einem besseren Ende zu träumen. Das belebt Helmut Hark zu Folge »die persönlichen tiefen Schichten der Seele und ermöglicht eine Begegnung mit den schöpferischen Quellen des Unbewussten« (Hark, 2000, S. 151 f.) So entsteht eine Annäherung der verschiedenen Bewusstseinsebenen und ein innerer Dialog wird angeregt (Seifert, Seifert und Schmidt, 2003, S. 14 f.). In der Imagination und aktiven Imagination können wir uns unseren Traumbildern widmen und bekommen so neue Impulse für deren Verständnis. Wichtige Träume erleben wir so umfassender und erfahren darin enthaltene Hinweise tiefgehender.

Ein Beispiel: Magdalena empfehle ich die aktive Imagination bei der Bearbeitung ihres Hundetraums. Sie erkennt in dem großen schwarzen Tier ihre Schattenseite, die Selbstzerstörung, ihre Sucht, und hört schlagartig auf zu rauchen.

In Imaginationen von Traumbildern können auch innere Verbindungen zu wichtigen Bezugspersonen aufgenommen werden. Sogar mit Verstorbenen oder mit Familienmitgliedern, von denen man sich getrennt hat, entfaltet sich manchmal ein innerer Dialog. Gibt man diesem inneren Zwiegespräch in therapeutischen Sitzungen Raum, können sich neue Beziehungsmöglichkeiten eröffnen. Dies lässt sich durch folgende Aufforderung anregen: »Hören

Sie, was die Person in Ihrem Traum Ihnen sagen oder mitteilen möchte.« So kann die Imagination zum Beispiel Zugang zu unzugänglichen Gefühlen schaffen und Blockaden lösen. Beispielsweise rege ich Elvira anlässlich ihres Tigertraums an, sich in den Kampf mit dem Tiger hineinzuversetzen, um den Zugang zu ihrer Angst, Wut und Hilflosigkeit zu fördern. Hierdurch kann sie sich intensiver mit ihren Gefühlen auseinandersetzen. Auch die Imaginationen von anderen Träumen, welche die Idealisierung der Eltern und familiäre Tabus thematisieren, eröffnen Elvira die Erlaubnis, ihren Weg kraftvoll und selbstbewusst zu gehen.

Wenn zwischen Therapeut und Patient eine einfühlsame vertrauensvolle Beziehung gewachsen ist und sie auch auf tiefer Ebene gut miteinander kommunizieren, kann es hilfreich sein, einen Traum gemeinsam zu imaginieren. Diese innige seelische Verbindung vertieft die Nähe und Vertrautheit. So werden auch Traumserien tiefer erfasst und Lösungen gefördert.

Traumgruppen

Seit vielen Jahren leite ich unterschiedliche Traumgruppen. Sie stehen Interessierten offen. Die Anzahl der Teilnehmerinnen und Teilnehmer, Häufigkeit und Dauer der Treffen variieren.

Eine dieser Gruppen möchte ich kurz vorstellen: Sechs Frauen treffen sich drei Jahre lang einmal im Monat abends für zwei Stunden. In einer Gruppensitzung werden gewöhnlich ein oder zwei Träume besprochen. Die Teilnehmerin, die ihren Traum erzählt, schildert ihre inneren Bilder, eigenen Interpretationen und Gefühle. Dann ergänzen die Gruppenmitglieder das Gesagte durch ihre Einfälle. Gruppenmitglieder entwickeln durch die gegenseitige Beschäftigung mit Träumen einen tiefen Kontakt zur inneren Welt des anderen. Im Laufe der Zeit wächst eine große Vertrautheit. Eine Teilnehmerin resümiert am Ende des Traumseminars: »Es entstand ein gemeinsames Unbewusstes, ein Fluss von Traumbildern von einer Teilnehmerin zur anderen. In diesem gemeinsamen Feld entstanden Lösungen […]. Durch die Krankheit meines Vaters und seine verlorene Fähigkeit zu sprechen gab es eine Reihe von Träumen, in denen er mir Botschaften geschickt hat. [...] so konnte ich mit ihm von Unbewusstem zu Unbewusstem kommunizieren [...] und vor seinem Tod an einigen unserer Konflikte arbeiten und diese Arbeit geht auch über seinen Tod hinaus.« Ihre Träume, die Einfühlung und Hinweise der Gruppenmitglieder regten in dieser Teilnehmerin den inneren Dialog mit ihrem Vater und wichtige Versöhnungsprozesse an.

Eine weitere Teilnehmerin berichtet, dass die unterschiedlichen Perspektiven auf Träume interessante Verständnishilfen boten, sie anregten, ihre Lebenssituation zu überdenken, zu verändern und deutlicher auf ihre innere Welt zu hören. Mit Hilfe der Gruppe konnte sie viele familiäre Verstrickungen und Tabus erkennen. Das Erzählen von Träumen löst in den Zuhörern viele Bilder, Gefühle und Gedanken aus, die der Träumende noch nicht wahrnehmen und erleben kann. Während die Wahrnehmung der Betroffenen selbst meist durch blinde Flecken eingeschränkt ist, ermöglichen die Beiträge anderer, das Gesichtsfeld zu erweitern. Indem sie aussprechen, was der Träumende selbst noch nicht benennen kann, lassen sich viele Bedeutungsebenen und Zusammenhänge erarbeiten. Auch der Schutz und das Wohlwollen der Gruppe schaffen eine Atmosphäre, in der Ängste und Widerstände überwunden werden.

Voraussetzung für diese intensiven Erfahrungen ist, dass die Teilnehmerinnen und Teilnehmer sich und ihre Träume würdigen, diese nicht werten, respektvoll miteinander umgehen und ihre Rückmeldungen achtsam formulieren. Deshalb rege ich an, sich die einzelnen Traumbilder innerlich vorzustellen, sich in den Träumenden einzufühlen, einander zu befragen und Wahrnehmungen offen auszutauschen. Diese Achtsamkeit ist eine wesentliche Voraussetzung, um auftretende Konflikte, familiäre Verleugnungen, Projektionen und Verzerrungen zu erkennen und zu bearbeiten. Gruppen sind für eine familienintegrierende Arbeit mit Träumen so fruchtbar, weil sie ähnlich wie die ursprüngliche Familiensituation erlebt werden. Sie lösen wichtige familiäre Beziehungsmuster wie zum Beispiel Geschwisterrivalitäten aus, da die

Gruppenteilnehmerinnen und Gruppenteilnehmer als Geschwister und die Leiterinnen und Leiter als Eltern erlebt werden können. Jede Gruppe berührt Wünsche, Bedürfnisse, Ängste, biographische Prägungen, Konflikte und familiäre Beziehungserfahrungen. Der Theologe und Psychologe Martien Jilesen (2007) beschäftigt sich in seinem Buch »Was sage ich mir durch meine Träume?« mit Theorie und Praxis der Traumarbeit in Gruppen. Er weist auf die darin entstehenden wichtigen Anregungen für den Therapieprozess hin und betont, dass Gruppen viel mehr Ideen und Einfälle zu Traumbildern einbringen als ein Einzelner. Das Erzählen des Traums vor anderen und die dadurch in den Zuhörerinnen und Zuhörern entstehenden Gefühle helfen häufig dabei, Blockaden zu lösen und die Gefühle, die der Traum auslöst, zu erleben (Jilesen, 2007, S. 119). Auch familiäre Verstrickungen in Träumen werden von den einzelnen Gruppenmitgliedern aus jeweils unterschiedlicher Perspektive gesehen. So erkennen die männlichen und weiblichen Teilnehmer, die aus verschiedenen Altersgruppen, sozialen und kulturellen Milieus stammen, viele Aspekte vergangener Lebenssituationen und ihre Einflüsse auf die Gegenwart. Die familiären Wurzeln, die sich in den verschiedenen Zeitebenen von Träumen spiegeln, werden besser erfahrbar. Auch Traumserien lassen sich in Gruppen vielschichtiger interpretieren, da das jeweilige Thema von verschiedenen Seiten beleuchtet wird. Fortschritte in der Bearbeitung von Problemen werden ebenfalls deutlicher (Jilesen, 2007, S. 199–218).

Wie bei Elvira aufgezeigt, eröffnet auch das Malen von Träumen wichtige Zugänge zu deren verschlüsselten Botschaften. Das Bild, dessen Betrachtung und das Gespräch darüber führen den Malenden zu weiteren inneren Bildern, zu Gefühlen und Ereignissen. In einer Gruppe verstärken die Hinweise und Gefühle anderer Mitglieder diese Prozesse. Deshalb biete ich in Zusammenarbeit mit der Künstlerin Elisabeth Heindl und der Diplompsychologin und Kreativitätstrainerin Monika Ringseis Traumgruppen an, in denen die Mitglieder ihre Träume nicht nur mündlich austauschen, sondern auch bildnerisch darstellen. Das Malen selbst geschieht in einem geschützten therapeutischen Raum, in einem entspannten Zustand. Alle gestalten ihr Traumbild mit der linken beziehungsweise ungeübten Hand, um die Hemmung, nicht gut genug malen zu können, etwas zu überwinden. Wir vermuten, dass wir so einen direkteren, unkontrollierteren Zugang zum Unbewussten fördern.

Eine solche Gruppe möchte ich zur Anregung näher vorstellen: Fünf Personen treffen sich einmal monatlich für zwei bis vier Stunden. Beim ersten Treffen stellen wir unser Vorhaben vor. Wir erläutern die Gesprächsregeln und lernen uns gegenseitig kennen. Jede weitere Sitzung beginnen wir mit einer Gesprächsrunde, um offene Themen, Fragen oder Konflikte zu klären. Anschließend imaginieren die Teilnehmerinnen und Teilnehmern über einen eigenen wichtigen Traum oder ein Traumbild. Diese Imagination bietet die Möglichkeit, sich zu sammeln und sich auf die sich innerlich entfaltenden Traumbilder zu konzentrieren. Anschließend malt jeder Teilnehmer und jede Teilnehmerin ein Traumbild. Dann wird jedes Bild einzeln aufgehängt, der dazugehörige Traum wird erzählt und besprochen, wobei die Teilnehmerinnen und Teilnehmer in einem Halbkreis sitzen. Nun findet ein Austausch über die Farb- und Formgebung des Bildes, die Konstellation der verschiedenen Figuren und die Größenverhältnisse der Bildelemente statt. Die Teilnehmer schildern ihre Beobachtungen und Interpretationen.

Ein Beispiel für die Arbeit in dieser Gruppe – es handelte sich um unser fünftes Treffen – möchte ich herausgreifen. Franz, geboren 1942, kommt auf Anregung einer anderen Gruppenteilnehmerin, weil er sich für seine Träume interessiert. Er hängt sein Bild auf und erzählt den dazugehörigen Traum:

»*Es ist ein heller Vormittag. Ich bin mit einer Gruppe Radler unterwegs. Wir radeln in Richtung Meer und kommen zu einer Stelle, an der ein kleiner Weg von links in unseren Weg mündet. Ich bleibe stehen, während die anderen weiterfahren. Ich empfinde mein Rad als lästig. Auf dem Weg kommen mir zwei ungewöhnliche, sich selbst bewegende Fahrzeuge entgegen. Eines hat Raupenketten und wird von einem kleinen Jungen in Arbeitskleidung gesteuert. Das Fahrzeug hinterlässt verbrannte Erde und Feuer. Je näher es kommt, desto rau-*

chiger wird es. Ich muss meinen Kopf schützen. Die Luft ist beißend. Dann fahre ich durch den Feuerregen weiter und stoße zur Gruppe, die am Meer auf mich wartet.«

Franz erzählt diesen Traum beinahe wie eine Geschichte, die er nicht selbst erlebt hat. Er hat nur wenige Einfälle dazu. Daraufhin schildern die Gruppenmitglieder ihre Gedanken. Einige weisen darauf hin, dass sie den Jungen im Traum als sehr ungeschützt erleben und er große Verantwortung zu tragen habe. Andere spüren und betonen seine große Einsamkeit.

Franz erläutert nun, dass er viele Jahre lang sehr einsam war. Da sein Vater im Krieg war, musste seine Mutter Essen organisieren und ließ ihn deshalb häufig mit seiner kleinen Schwester alleine. Einmal lief er von zu Hause weg. Er wurde dann in der Stadt unter einem Laster, ähnlich dem Fahrzeug im Traum, sitzend gefunden. Dort fühlte er sich sicher. Mit Hilfe der Assoziationen der Gruppe kann Franz seinen Traum mit seinen Kindheitserlebnissen verknüpfen.

Mir fallen zu diesem Traum Bilder aus dem Krieg ein – Panzer, verbrannte russische Dörfer – und ich frage Franz nach Kriegserlebnissen seines Vaters. Er berichtet, dass er darüber nie mit seinem Vater gesprochen habe und eine Kiste seines Vaters mit Dokumenten aus dem Krieg nie geöffnet hat. Franz erzählt weiter, dass sein Vater auch nach seiner Rückkehr aus dem Krieg für ihn zeitlebens kaum erreichbar war. Erst jetzt ist es Franz innerlich möglich, sich für die Hinterlassenschaft seines Vaters zu interessieren und sich damit auseinanderzusetzen. Gemeinsam mit seinem Sohn besucht er nun die in dem Kriegstagebuch beschriebenen Orte. Diese Reise auf Vaters Spuren schildert Franz als ein in vieler Hinsicht berührendes Erlebnis, als Begegnung mit seinem Vater, mit seinem Sohn und mit einigen Kriegsopfern bzw. deren Kindern. Er spürt Trauer darüber, dass er selbst seinen Vater kaum kannte. Franz ist stolz auf seinen Sohn und freut sich, dass er nun eine intensive Verbindung zu ihm erleben und aufbauen kann und in ihm etwas lebendig geworden ist: »Ich höre erstmals die Vögel singen und die Kinder lachen. Ich kann wieder weinen«, beschreibt Franz seinen seelischen Prozess. »In mir hat sich vieles verändert. Ich entdecke meine Gefühle. Sie bekommen Raum.« In den anderen Radfahrern sieht Franz ein Sinnbild für die Traumgruppe. Er hat in seinem Leben viel alleine durchmachen müssen, ist nun aber zu einer lebendigen und bewegten Gemeinschaft gestoßen, die ihn begleitet.

Wie bei Franz, so kann die Teilnahme an einer Traumgruppe auch bei vielen anderen Menschen wertvolle Anstöße, lebensgeschichtliche Zusammenhänge zu erkennen, blockierte Gefühle zu lösen und Impulse für heilsame Veränderungen bieten.

In einem abschließenden Treffen betrachten wir gemeinsam die im Verlauf der Sitzungen entstandenen Bildserien. Sich darin zeigende Entwicklungen spüren wir auf. In den Bildserien einzelner Gruppenmitglieder symbolisieren sich ganz verschiedene psychische Prozesse. Die Unterschiede in Gestaltung und Farbgebung der Bilder sowie die sich darin entfaltenden familiären Themen sind augenscheinlich.

Meiner Erfahrung nach entsteht während des Gruppenprozesses nicht nur ein klareres Erfassen der eigenen Bilder, sondern auch ein größeres Verständnis für die der anderen. Viele Teilnehmer erkennen im Laufe der Zeit viele Blockaden und Ängste bereits beim Malen und versuchen sie zu überwinden. Manche entdecken dadurch die Lust am Malen und betätigen sich auch zu Hause vermehrt künstlerisch.

Aufgrund dieser langjährigen positiven Erfahrungen rege ich auch vereinzelt Patientinnen und Patienten – wenn mir dies für ihre Therapie als förderlich erscheint – zur Teilnahme an einer Traumgruppe an. Zum einen können wichtige Konflikte und Emotionen, Ängste und Schamgefühle, die durch die Gruppe berührt werden, in die Einzeltherapie eingebracht und dort bearbeitet werden. Zum anderen entsteht durch das Zusammenwirken von Einzel- und Gruppentherapie ein Raum, der familiendynamische Aspekte spiegelt. Kommunikative und soziale Fähigkeiten können wachsen, weil die Gruppenteilnehmer lernen, Konflikte in verschiedenen Beziehungsgeflechten anzusprechen und zu lösen. Traumgruppen eignen sich dafür besonders, weil die Konzentration auf Träume eine klare Struktur vorgibt. Träume geben die innere Wahrheit jedes Einzelnen preis. Die hierdurch geförderte wohlwollende und einfühlsame Gruppenatmosphäre lässt die Teilnehmer erleben, dass sie sich ihren Traumbildern auf tiefer Ebene öffnen und ihr Innerstes zeigen können, ohne dafür verurteilt zu werden.

Das Führen eines Traumbuchs, Meditation und Imagination, die bildnerische Darstellung von Träumen, Familienrekonstruktion und Gruppenarbeit können den therapeutischen Prozess fruchtbar ergänzen. Maria beschreibt, wie sich die Integration der Methoden auswirkt: »Im Zusammenwirken sind mehrere Erfahrungen möglich. Es entsteht ein gemeinsamer Raum und das Eigene wird sichtbar.« Sibylle ergänzt: »Eine Methode vertieft die andere, einmal tut eher das Stillsitzen, die Meditation und die Einkehr gut, ein anderes Mal eher die Ausdrucksmöglichkeiten durch das Malen, das Wort oder Erfahrungen mit anderen. In der Gruppenarbeit hilft es, die verschiedenen Lebensgeschichten der Teilnehmer kennenzulernen und deren Botschaften von verschiedenen Standpunkten aus zu betrachten.«

Gedanken zum Ausklang

Einige wesentliche Erfahrungen möchte ich nun zusammenfassen.

Träume symbolisieren verwobene Schicksale und verweisen auf zentrale familiäre Themen. Träume spiegeln die Verwobenheit von Generationen. Einige von Elviras Träumen etwa symbolisieren unverarbeitete Erlebnisse ihrer selbst, ihrer Mutter, ihrer Großmutter und weiterer Ahninnen. Elviras innere Welt ist wie bei vielen Patientinnen und Patienten ausgefüllt von über Generationen ineinandergeschobenen Erlebnissen, Gefühlen und Beziehungsmustern. »Oft bin ich wie im Nebel und spüre keine klare Lebensberechtigung. Ich erlebe mich als bedrohlich für andere. Seit meiner Geburt habe ich eine Überlebensschuld. Ich befürchte, mich anderen nicht zumuten zu können. Häufig habe ich sogar Angst, rausgeschmissen und weggeschafft zu werden.« Durch Elviras Lebenssituation und Biographie sind diese Gefühlszustände und Ängste nicht hinreichend zu erklären. Sie trägt Ängste in sich, die mit dem Schicksal der Großtante Anna und ihrer Mutter verwoben sind.

Wie bei den russischen Holzpuppen, die ineinandergesteckt werden und deren Inneres sich dadurch zunehmend verengt, nehmen in der Seele vieler Patientinnen und Patienten die ineinandergeschobenen Schicksale mehrerer Familienmitglieder so viel Raum ein, dass sie ihre eigene Entwicklung einschränken. Das offenbaren Elviras Träume zu Therapiebeginn sowie Magdalenas und Josefs Albträume.

Träume machen die »Familie in uns«, unsere familiären Beziehungen und ungelöste Themen sichtbar und bearbeitbar. Betrachtet man Traumserien im Therapieverlauf, zeigt sich, wie sich die spezifischen Erlebnisse einzelner Familienmitglieder zunehmend deutlicher spiegeln.

Die familienorientierte Bearbeitung von Träumen hilft, familiäre Verwobenheiten zu lösen. Elviras Traum »Eingesponnen in ein Spinnennetz« verbildlicht einen durch Depressionen und Ängste verdunkelten Raum. In der Bearbeitung erkennt sie in der kauernden Gestalt ihre Mutter und erfährt, wie deren Gefühle auch ihre eigene Welt verdüstern und vernebeln. Sie begreift nun, wie sie die Erfahrungen der Mutter und ihre eigenen in den Beziehungen zu seelisch kranken Männern wiederholt.

Träume symbolisieren »vererbte« Gefühle, Beziehungen und Lebensentwürfe. Sie machen Identifikationen, Projektionen und projektive Identifikationen sichtbar. Unverarbeitete Erlebnisse, Ängste, Depressionen, problematische Beziehungsmuster, können von Generation zu Generationen tradiert werden. Die Verwobenheit zwischen den Generationen einer Familie lässt sich auch im Bild einer Flusslandschaft beschreiben. Wie Flussarme entspringen die Mitglieder einer Familie gemeinsamen Quellen und sind durch unterschiedliche Kanäle verbunden. Wenn ein Strom überfließt, sind auch die mit ihm verbundenen Verzweigungen in Gefahr, überschwemmt zu werden.

Gelingt es, mit den Patienten die mannigfaltigen Mitteilungen von Traumbildern den einzelnen Generationen und Familienmitgliedern zuzuordnen und sie so umfassend zu verstehen, eröffnet dies eine klarere Sicht auf die verschiedenen Personen.

Die Bearbeitung ihrer Träume erlaubt Elvira die darin verbildlichten Schicksale deutlicher voneinander zu unterscheiden und sich klarer von ihnen abzugrenzen. Dadurch werden Individuationsprozesse möglich. Ich mache Elvira darauf aufmerksam, dass ihr andere Wege offenstehen als ihren Ahninnen. Sie ist beruflich abgesichert, meistert ihren Alltag, hat ein tragfähiges soziales Netz und wird psychotherapeutisch unterstützt.

Träume eignen sich auch, um Aufträge der Eltern, projizierte Schuld- und Schamgefühle zu erkennen, zuzuordnen und zu bearbeiten. Elvira etwa träumt, dass sie die Familiengeschichte der Eltern tragen muss, was sie existenziell gefährdet. In einem weiteren Traum gegen Therapieende übergibt sie mir diese elterliche Familiengeschichte und ist dadurch freier, ihren Weg zu gehen.

Bezieht man die Biographie von Eltern und Großeltern in die Therapie ein, wird die Familiengeschichte transparenter. Das hilft auch Phantasien der Patienten über ihre Eltern schneller zu bearbeiten. Sie erkennen so eher deren reale Geschichte und deren Leid. Auch aktuelle Beziehungen werden realitätsbezogener, wenn sie nicht mehr so stark durch innere familiäre Beziehungen vernebelt sind. Die einzelnen Familienmitglieder werden klarer wahrgenommen und mehr geachtet. Versöhnungsprozesse werden angeregt.

Träume verbildlichen familiäre Tabus und machen sie überwindbar. Hierdurch eröffnen sich Gespräche zwischen den Generationen. Die Arbeit mit Träumen bringt über Generationen Verdrängtes zur Sprache. Sie ermöglicht so vor allem auch, Tabus zu bearbeiten, die die familiäre Atmosphäre belasten. Können diese überwunden werden und kommt Verschwiegenes – manchmal nach Jahrzehnten – zur Sprache, hat das meist große Auswirkungen auf die ganze Familie. Ängste verringern sich und Beziehungen entspannen sich.

Elvira erkennt mit Hilfe ihrer Träume zum Beispiel das Gebot, über die Auswirkungen und Bedeutungen psychischer Krisen zu schweigen. Ihren Traum, in dem ein altes Gewölbe zusammenbricht, interpretiert sie als Zusammenbrechen von Tabus, das Freilegen und Reinigen des familiären Fundaments als Bild für unsere therapeutische Arbeit.

Magdalena setzt sich angeregt durch das Bearbeiten ihres Göttertraums mit dem Tod ihrer Schwester auseinander, über den seit Jahrzehnten nicht gesprochen werden durfte, was die Trauerarbeit der gesamten Familie verhinderte und blockierte. Sie redet schließlich mit mehreren Familienmitgliedern über den Unfall und besucht gemeinsam mit ihrer Schwester erstmals Rosarios Grab. Damit regt sie auch bei ihren Verwandten Heilungsprozesse an.

Auch Josef spricht während der Therapie, nach mehreren Träumen, die seine Adoption thematisieren, erstmals mit seinem Adoptivvater über dieses Thema.

Die Träume symbolisieren seelisch Zerbrochenes. Sie sind deshalb Schlüssel, um psychische Krankheiten zu lindern und konflikthafte Beziehungen zu klären. Viele Patientinnen und Patienten klagen, dass familiäre Themen ihre Entwicklung blockieren und überschatten und sie dadurch wenig Zugang zu ihren eigenen Gefühlen haben. Einige wie Elvira erleben sich wie im Nebel, nicht richtig vorhanden, andere fühlen sich wie Magdalena »maskenhaft, versteinert und wie in einem Panzer« und bedauern, dass sie sich selbst wenig kennen und spüren. Sie fühlen sich in engen Handlungsspielräumen gefangen und erleben sich fremdbestimmt. Erst durch die neue therapeutische Beziehungserfahrung können Patienten ihre Trauer, Wut, Zärtlichkeit und Liebe wieder besser spüren. Ihre geistigen und kreativen Fähigkeiten entwickeln sich. Die eigene Identität entfaltet sich.

Im Laufe der Therapie spiegeln Träume die seelische Entwicklung von Patienten. Sind die familiären Wunden sichtbar, werden auch viele Fähigkeiten der Eltern und Ahnen, ihr wertvolles Erbe, deutlicher. Das zeigt sich zum Beispiel in Elviras Nesttraum. Ihre sich verändernden Lebensperspektiven symbolisieren sich auch in Träumen von neuen Kleidern und wachsenden Pflanzen. Ihr Flusstraum, in dem jedes Familienmitglied seine eigene Lebensaufgabe zu bewältigen hat, verbildlicht klarere, abgegrenzte Beziehungsmuster. Magdalena träumt gegen Therapieende von ihrer Großmutter sowie von Engeln und Weisen, und Josef träumt von seiner liebevollen Mutter und seiner Vaterschaft.

Die Konflikte werden nicht ungefiltert über Generationen weitergegeben. Träume und ihre familienorientierte Bearbeitung decken Lebensgeschichten auf, führen zu Familiengeheimnissen und symbolisieren über Generationen weitergegebene Lebens- und Beziehungsmuster. Eigene Gefühle werden deutlicher, die aktuelle Familiensituation wird klarer wahrgenommen. Die Beziehungen verbessern sich.

Demnach ist es für Kinder und deren Entwicklung wichtig und förderlich, wenn Eltern ihre vererbten und ihre individuellen Konflikte bearbeiten. Elvira beschreibt, dass durch unsere Arbeit »ein gesünderer Abstand zwischen den Generationen« entstand und sich diese nun besser voneinander abgrenzen können. Ihre Söhne sind eigenverantwortlicher und übernehmen mehr selbst ihre Aufgaben. Magdalena kann sich und ihre Töchter in schwierigen Situationen besser schützen und mit Konflikten konstruktiver umgehen. Auch Josef bemüht sich, achtsam mit seiner Tochter und seinen Stiefkindern umzugehen.

In der therapeutischen Beziehung erfahren die Patienten, dass familiäre Verstrickungen und Konflikte bearbeitbar sind. Sie sind deshalb – wie Magdalena – auch zu ihren Kindern einfühlsamer, achtsamer und können sie besser schützen. Dadurch, dass die aktuelle Beziehung zu eigenen Kindern im Leben der Patientinnen und Patienten mehr Bedeutung gewinnt, nehmen diese auch in Träumen größeren Raum ein. Oft werden die Fähigkeiten der Kinder zunächst im Traum wahrgenommen. Berichtet werden aber auch Warnträume, die helfen, Kinder vor drohenden Gefahren zu schützen.

Erinnern wir uns nochmals an die eingangs beschriebenen Träume aus der biblischen Überlieferung. Ist es nicht eindrucksvoll, wenn sich Menschen auf den Weg machen, um ihren Träumen nachzugehen und ihnen, wie die biblischen Gestalten, vertrauen? Das führt sie zu wichtigen Erkenntnissen über den weiteren Lebensweg. Träume werden zu Toren zu vielen inneren Schätzen und stoßen wichtige Heilungs- und Entwicklungsprozesse an.

Erinnern wir uns aber auch an den Traum des Pharao aus der Josefsgeschichte. Ihm alleine und mehreren Traumdeutern gelang es nicht, diesen Traum zu deuten. Erst Josef war dazu in der Lage und konnte hierdurch große Not lindern.

Auch im Islam gibt es viele Erzählungen, die thematisieren, welche großen Chancen sich auftun, wenn Träume gedeutet werden. Die Islamwissenschaftlerin Annemarie Schimmel (in: Benedetti, 1997) gibt hierzu viele Beispiele. Sie erzählt unter anderem die Geschichte vom Schatz unter der Brücke: Ein Mann aus Bagdad träumt, dass in Kairo ein Schatz unter einer bestimmten Brücke liegt. Er reist dorthin und begegnet einem Polizisten, dem er seinen Traum erzählt. Dieser erwidert, dass er wiederum geträumt habe, dass in Bagdad unter einem Haus ein Schatz liegt. Der Mann weiß, dass es sein Haus ist, und findet den Schatz. Viele arabische Anekdoten, europäische Märchen und chassidische Geschichten variieren dieses Thema. Der Schriftsteller Paulo Coelho hat dieses Motiv in seinem Roman »Der Alchimist« aufgegriffen und weltweit vielen Lesern bekannt gemacht. Der Hirtenjunge Santiago begibt sich geleitet durch einen Traum auf eine weite Reise. Unterwegs hat er viele wichtige Begegnungen und trifft schließlich auf den Anführer einer Bande, der ihm einen eigenen Traum erzählt. Auch für Santiago verbirgt sich darin die Lösung seines Traums: Er muss in seiner Heimaterde graben, um den Schatz seiner Vorfahren – sein Familienerbe – zu finden.

In dieser Erzählung verbildlicht sich, welch großen Reichtum es bedeuten kann, wenn Menschen die eigenen inneren Bilder mitteilen können und anderen begegnen, die sich für diese öffnen und die entsprechenden eigenen Bilder ergänzen. Wie der Pharao, der Mann aus Bagdad oder Santiago können auch wir unsere Träume ohne Hilfe häufig nicht verstehen. Meist ist es nur in der Zusammenarbeit mit einer Psychotherapeutin oder einem Psychotherapeuten möglich, die versteckten Botschaften in unseren Träumen zu entziffern und so unsere inneren Schätze zu finden. In einer kontinuierlichen therapeutischen Beziehung, in der die Inhalte von Träumen auf vielen Interpretationsebenen sortiert, geordnet und mit der Lebensgeschichte verbunden werden, kann der persönliche Kern zur Entfaltung kommen.

Ich wünsche mir, dass ich auch in Ihnen, liebe Leserinnen und Leser, Neugier für die eigenen Träume geweckt habe sowie das Interesse, sich mit deren Inhalten zu befassen und diese zu begreifen.

Literatur

Adam, K. (2000). Therapeutisches Arbeiten mit Träumen. Berlin u. Heidelberg: Springer.

Anzieu, D. (1991). Das Haut-Ich (2. Auflage). Frankfurt a. M.: Suhrkamp.

Becker, U. (1992). Lexikon der Symbole. Freiburg: Herder.

Benedetti, G. (1997). Die Wahrheit der Träume. München: Eranos.

Benedetti, G. (1998). Botschaft der Träume. Göttingen: Vandenhoeck & Ruprecht.

Die Bibel (1999). Nach der Übersetzung Martin Luthers. Stuttgart: Deutsche Bibelgesellschaft.

Bion, W.R. (1962). Learning from experience. London: Heinemann.

Brinton Perera, S. (1985). Der Weg zur Göttin der Tiefe. Interlaken: Ansata.

Dieckmann, H. (2001). Träume als Sprache der Seele. Königsfurth: Krummwisch.

Dürckheim, K. Graf (1976). Meditieren – wozu und wie? Freiburg: Herder.

Egger, B. (1995). Träume malen und verstehen. Bern: Zytglogge.

Franke, U. (1998). Systemische Familienaufstellung. München u. Wien: Profil.

Freud, S. (1900/1982). Die Traumdeutung. Studienausgabe Band II. Frankfurt a. M.: Fischer.

Freud, S. (1916–17/1982). Vorlesungen zur Einführung in die Psychoanalyse. Studienausgabe Band I. Frankfurt a. M.: Fischer.

Gampel, Y. (1995). Eine Tochter des Schweigens. In: Bergmann, M.S. (Hrsg.), Jucovy, M. E., Kestenberg, Y. E., Kinder der Opfer, Kinder der Täter. Psychoanalyse und Holocaust. Frankfurt a. M.: S. Fischer.

Green, C., Mc Creery, C. (1994). Träume bewusst steuern. Frankfurt a. M.: Krüger.

Hark, H. (2000). Die Heilkraft der Träume. München: Kösel.

Hark, H. (2002). Kollektive Träume. Düsseldorf u. Zürich: Walter.

Hellinger, B., Hövel, G. ten (1996). Anerkennen, was ist. München: Kösel.

Hüther, G. (2004). Die Macht der inneren Bilder. Göttingen: Vandenhoeck & Ruprecht.

Jäger, W. (2000). Mystische Spiritualität – Die Welle ist das Meer. Freiburg: Herder.

Jäger, W. (2002). Kontemplation. Freiburg: Herder.

Jilesen, M. (2007). Was sage ich mir durch meine Träume? Theorie und Praxis der Traumarbeit für Einzelne und Gruppen. Kirchhain: Hartmut Becker.

Jokl, A.M. (1997). Zwei Fälle zum Thema »Bewältigung der Vergangenheit«. Frankfurt a. M.: Jüdischer Verlag.

Jung, C.G. (1957). Bewusstes und Unbewusstes. Frankfurt a. M.: Fischer.

Jung, C.G. (1971/2001). Traum und Traumdeutung. München: Deutscher Taschenbuch Verlag.

Kabat-Zinn, J. (2006). Zur Besinnung kommen – Die Weisheit der Sinne und der Sinn der Achtsamkeit in einer aus den Fugen geratenen Welt. Freiamt: Arbor.

Kast, V. (2003). Imagination als Raum der Freiheit (4. Auflage). München: dtv.

Kast, V. (2006). Träume – Die geheimnisvolle Sprache des Unbewussten. Düsseldorf: Walter.

Kemper, W.W. (1955/1987). Der Traum und seine Be-Deutung. Frankfurt a. M.: Fischer-Taschenbuch-Verlag.

Klein, M. (1972). Das Seelenleben des Kleinkindes. Reinbek: Rowohlt.

Klein, M. (1979). Die Psychoanalyse des Kleinkindes. München: Ernst Reinhardt.

Klein, M. (1983). Seelische Urkonflikte. Frankfurt a. M.: Fischer.

Klessmann, E., Eibach, H. (1996). Traumpfade – Weg-Erfahrungen in der Imagination. Bern u.a.: Hans Huber.

Kogan, I. (1998). Der stumme Schrei der Kinder. Frankfurt a. M.: S. Fischer.

König, O., Schattenhofer, K. (2007). Einführung in die Gruppendynamik. Heidelberg: Carl-Auer-Systeme.

Lazar, R.A. (1999). »Mrs. Klein« und »WRB«: Die Kleinianischen Wurzeln des »Bionschen Denkens«. Kinderanalyse. Zeitschr f. d. Anw. d. Psychoanalyse in Psychotherapie und Psychiatrie des Kindes- und Jugendalters, 3, 189–220.

Lichtenberg, J. D. (1983). Psychoanalyse und Säuglingsforschung. Berlin u. Heidelberg: Springer.

Markert, F. (2005): Hypnoanalyse – Ein Stiefkind der Psychoanalyse. Methoden und Techniken moderner Hypnotherapie und ihre möglichen Anwendungen in der Psychoanalyse. Forum der Psychoanalyse 4, 358–370

Mayer, R. (1978). Der Talmud – Ausgewählt, übersetzt und erklärt von R. Mayer. München: Goldmann.

Meltzer, D. (1988). Traumleben. Stuttgart: Verlag Internationale Psychoanalyse.

Meyers Großes Taschenlexikon (1981). Band 21. Mannheim; Wien; Zürich: Bibliographisches Institut.

Mindell, A. (1998). Traumkörper und Meditation. Zürich: Walter.

Reddemann, L. (2004). Imagination als heilsame Kraft – Zur Behandlung von Traumafolgen mit ressourcenorientierten Verfahren. Stuttgart: Klett-Cotta.

Riedel, I. (2002). Lebensträume – Lebensräume. Stufen inneren Wachstums (2. Auflage). Freiburg u. a.: Herder.

Riedel, I., Henzler, C. (2004). Maltherapie. Eine Einführung auf der Basis der analytischen Psychologie von C. G. Jung. Stuttgart: Kreuz.

Schmidt, C. (1997). Unsichtbare Fesseln lösen. München: Ernst-Reinhardt.

Schmidt, C. (2004). Das entsetzliche Erbe. Göttingen: Vandenhoeck & Ruprecht.

Schmidt, M. (2003). Systemische Familienrekonstruktion. Göttingen: Hogrefe.

Schrott, R. (2001). Gilgamesch. München u. Wien: Carl Hanser.

Schützenberger, A. (2002). Oh, meine Ahnen (2. Auflage). Paris: Carl-Auer-Systeme.

Segal, H. (1996). Traum, Phantasie und Kunst. Stuttgart: Klett-Cotta.

Seifert, A. L., Seifert, T., Schmidt, P. (2003). Der Energie der Seele folgen – Gelassen und frei durch Aktive Imagination. Düsseldorf: Walter.

Spitz, R. (1973). Die Entstehung der ersten Objektbeziehungen. Stuttgart: Klett.

Spitz, R. (1976). Vom Säugling zum Kleinkind. Stuttgart: Klett.

Szondi, L. (1978). Schicksalsanalyse – Wahl in Liebe, Freundschaft, Beruf, Krankheit und Tod. Basel u. Stuttgart: Schwabe & Co.

Varela, F. J. (2001). Traum, Schlaf und Tod. München: Piper.

Vom Scheidt, J. (2006). Kreatives Schreiben – HyperWriting. Texte als Wege zu sich selbst und zu anderen. München: Allitera.

Weinreb, F. (2000). Kabbala im Traumleben des Menschen (3. Auflage). Weiler: Thauros.

Welzer, H. (2002). Das kommunikative Gedächtnis. Eine Theorie der Erinnerung. München: Beck.

Wiegand, M. H. , Von Spreti, F., Förstl, H. (2006). Schlaf und Traum. Stuttgart: Schattauer.

Winnicott, D. W. (1976). Von der Kinderheilkunde zur Psychoanalyse. München: Kindler.

Winnicott, D. W. (1978). Familie und individuelle Entwicklung. München: Kindler.

Zingsem, V. (1999). Göttinnen großer Kulturen. München: dtv.

Zumstein, C. (2003). Der schamanische Weg des Träumens. Kreuzlingen u. München: Hugendubel.